# Reprodução
### Reproducción    Reprodution

**LUIS HU RIVAS**

🇧🇷 Em um fim de semana em que o cachorrinho Lupi e sua amiga, a gatinha Oli, passeavam pela praça, observaram algo diferente: ela estava cheia de gente, muito mais pessoas do que o normal.
= Olha, Lupi! O que será que está acontecendo? = quis saber Oli.
= Au, au! = disse Lupi. = Vamos chegar perto e descobrir.
Ao se aproximar, Oli pensou em voz alta:
= Se a cada dia tem mais gente no mundo, será que em algum momento vai faltar comida?
= Eu também gostaria de saber = falou Lupi.

🇪🇸 En un fin de semana en que el perrito Lupi y su amiga, la gatita Oli, paseaban por la plaza, notaron algo diferente: ella estaba llena de gente, mucho más personas de lo habitual.
–¡Mira, Lupi! ¿Qué será que está pasando? –quiso saber Oli.
–¡Guau, guau! –dijo Lupi.– Vamos acercarnos y descubrir.
A medida que se aproximaban, Oli pensaba en voz alta:
–Si a cada día hay más personas en el mundo, ¿faltará alimentos en algún momento?
–También eso me gustaría de saber –dijo Lupi.

 On a weekend, when the little dog Lupi and his friend, the cat Oli, were walking through the square, they noticed something different. The square was full of people, many more people than usual.
"Look, Lupi! What is going on?" Oli wanted to know.
"Woof, woof!" said Lupi. "Let's get closer and find out."
As she approached the crowd, Oli thought aloud:
"If there are more people in the world every day, will there ever be food shortage?"
"I'd like to know too," said Lupi.

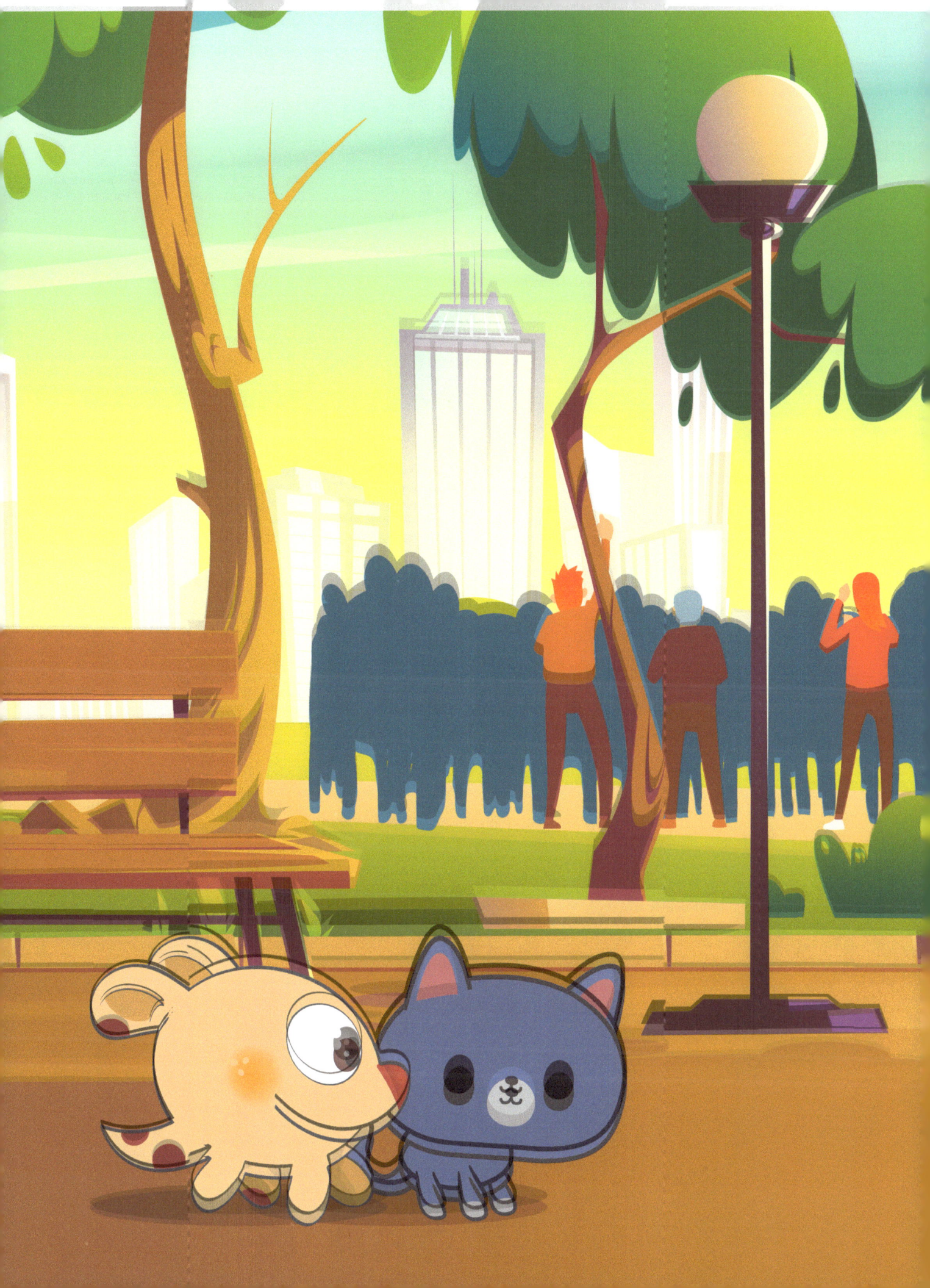

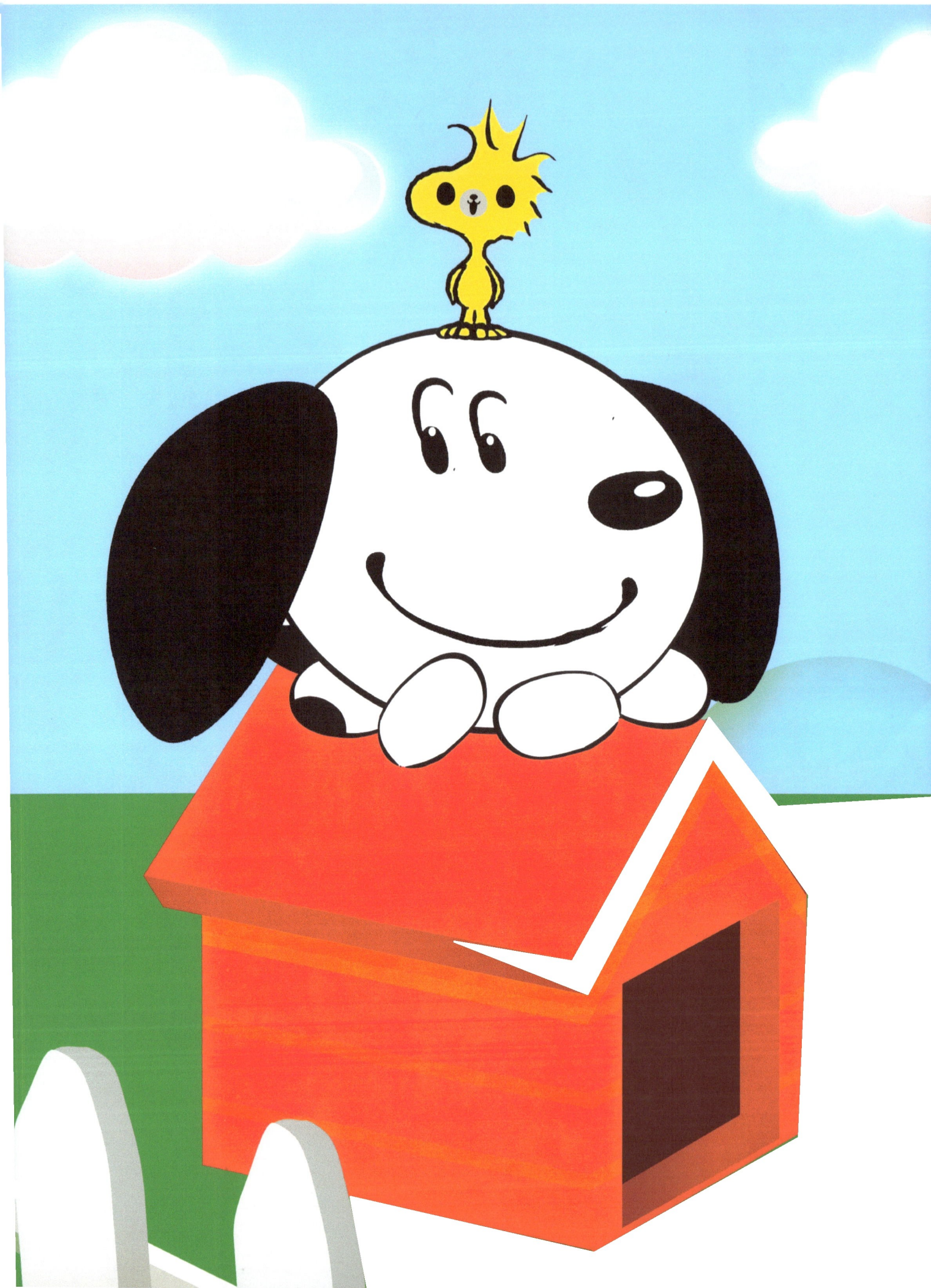

🇧🇷 Ao se aproximarem, nossos amigos descobriram o porquê de tanta gente junta. Tratava-se de uma feira de adoção de cães e gatos.
– É tão lindo adotar bichinhos abandonados... – falou Oli.

🇪🇸 Al aproximarse, nuestros amigos descubrieron por qué había tanta gente junta. Se trataba de una feria de adopción de perritos y gatitos.
–Es tan bello adoptar mascotas abandonadas… –dijo Oli.

🇺🇸 As they got closer, our friends discovered why so many people were together. It was a dog and cat adoption fair.
"It's so beautiful to adopt abandoned pets...," said Oli.

🇧🇷 – Espero que adotem todos! – exclamou Lupi.
Oli então imaginou-se ao lado do cachorrinho adotado Slupi, na sua linda casinha.

🇪🇸 –¡Espero que adopten a todos! –exclamó Lupi.
Oli entonces se imaginó a sí misma junto al perrito adoptado Slupi, en su hermosa casita.

🇺🇸 "I hope they are all adopted!" exclaimed Lupi.
Oli then imagined herself next to the adopted puppy Slupi, in his beautiful little house.

Uma cachorrinha em adoção, que ainda não tinha nome, falou para nossos amigos:
= Ei, não se preocupem com o fato de ter tanta gente no mundo.
= Mas e se um dia a comida acabar? – perguntou Oli.
A cadelinha explicou que existe uma Lei de Deus chamada Lei de Reprodução. Essa Lei permite que todos os seres da natureza se multipliquem e que tudo se mantenha em harmonia.
= Será? = falou Lupi, desconfiado.
= Sim! Confiem na sabedoria de Deus – respondeu a cachorrinha da feira. = Vou lhes contar uma história sobre adoção e reprodução.
= Oba!!! = disse Oli, contente.
= Era uma vez...

Una perrita en adopción, que aún no tenía nombre, les dijo a nuestros amigos:
–Hey, no se preocupem por haber tanta gente en el mundo.
–Pero ¿y si un día se acaba la comida? preguntó Oli.
La perrita explicó que existe una Ley de Dios llamada Ley de Reproducción. Esta Ley permite que todos los seres de la naturaleza se multipliquen y que todo permanezca en armonía.
–¿Será? –dijo Lupi, desconfiado.
–¡Sí! Confía en la sabiduría de Dios –dijo la perrita de la feria.– Les voy a contar una historia sobre adopción y reproducción.
–¡¡¡Súper!!! –dijo Oli, feliz.
–Érase una vez...

A puppy who was up for adoption and still didn't have a name said to our friends:
"Hey, don't worry about the fact that there are so many people in the world."
"But what if food runs out one day?" asked Oli.
The little dog explained that there is a Law of God called the Law of Reproduction. This Law allows all beings of nature to multiply and for everything to remain in harmony.
"Is that so?" Lupi said suspiciously.
"Yea! Trust in the wisdom of God," replied the dog from the fair. "I'm going to tell you a story about adoption and reproduction."
"Yay!!!" said Oli, happy.
"Once upon a time..."

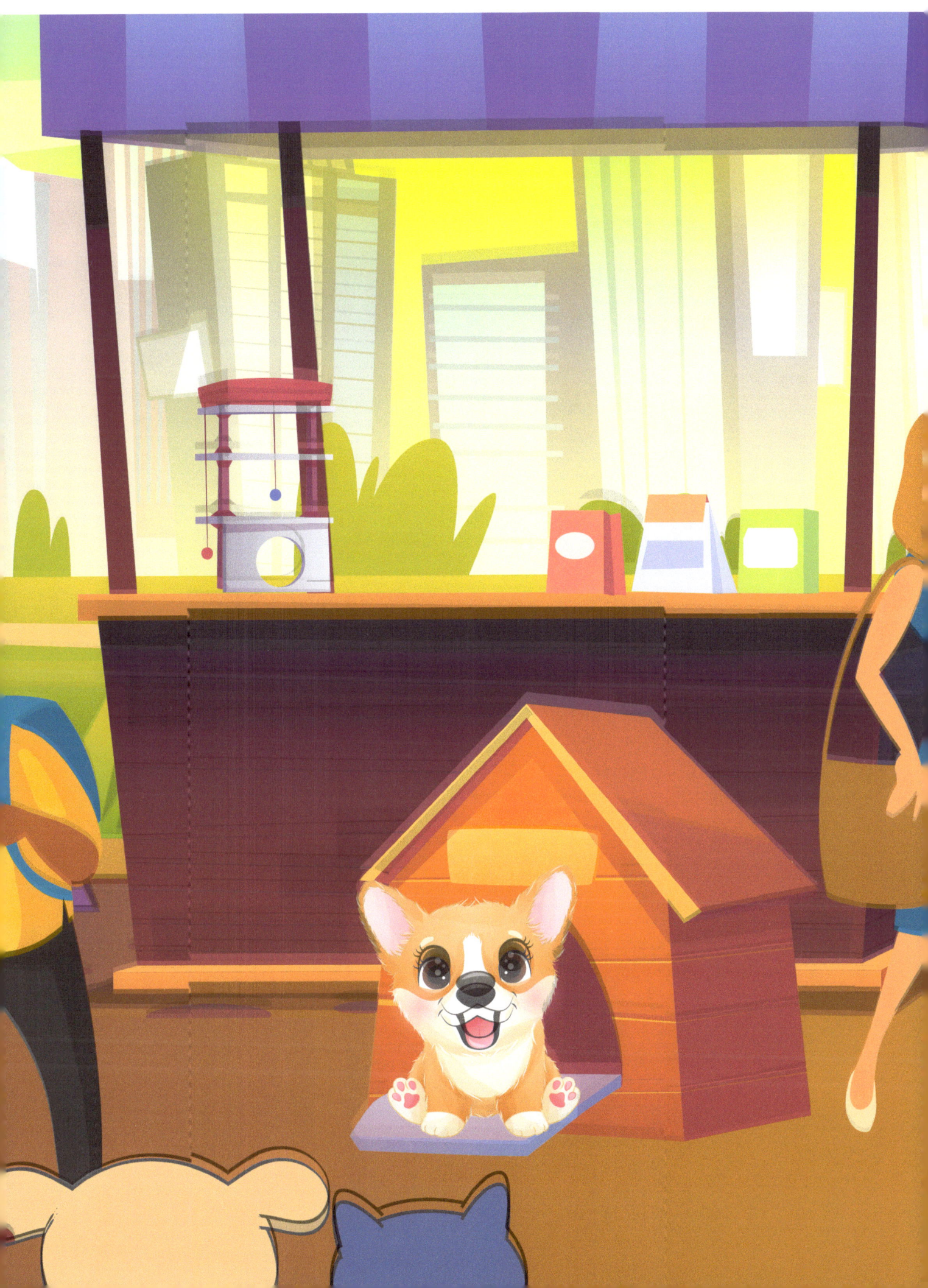

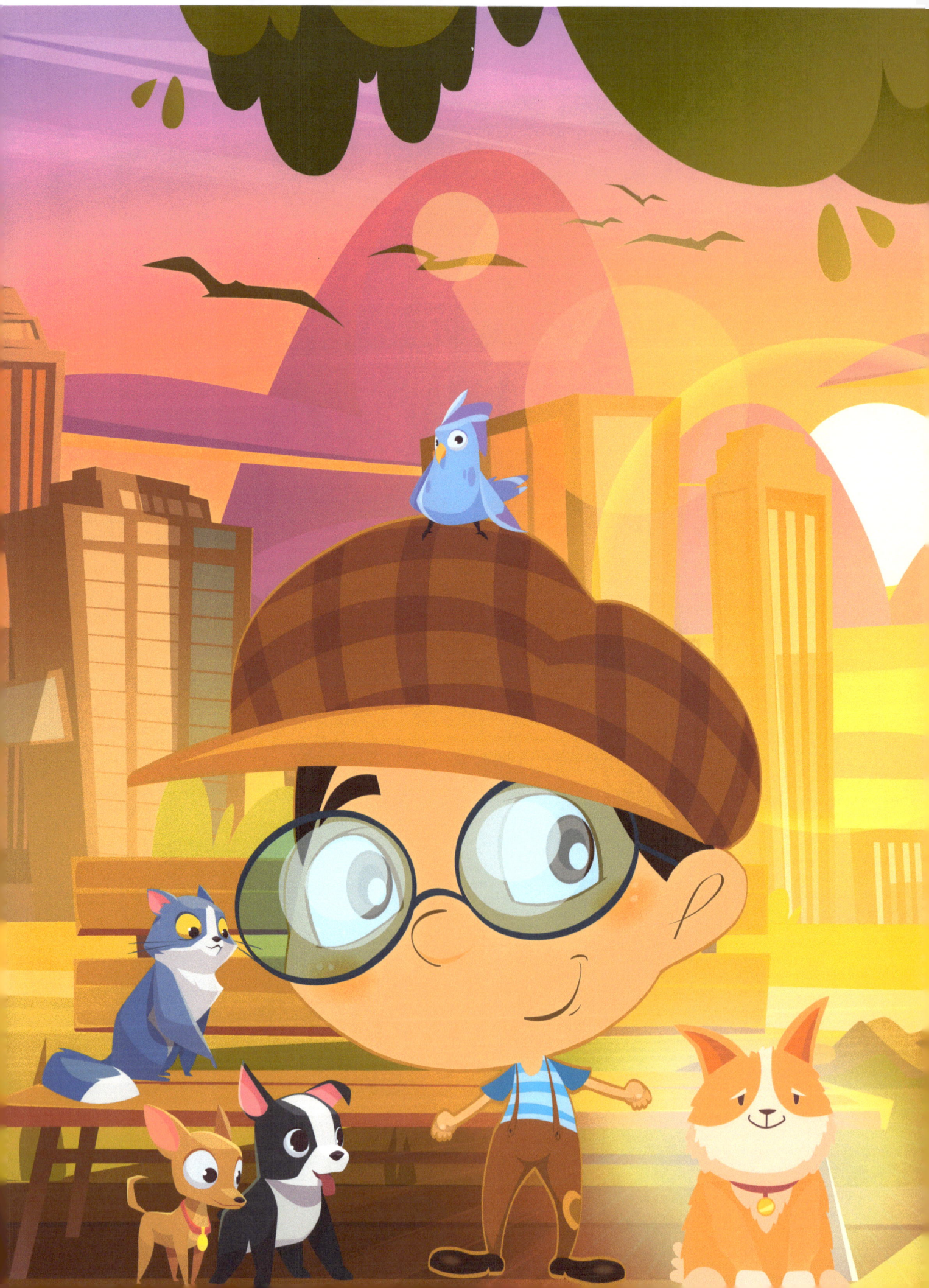

🇧🇷 Havia um bom menino chamado Chiquinho que gostava muito dos animais e da natureza.

🇪🇸 Hace un tiempo, un buen niño llamado Chiquito era muy amable con los animales y la naturaleza.

🇺🇸 There was a good boy named Chiquinho, who was very fond of animals and nature.

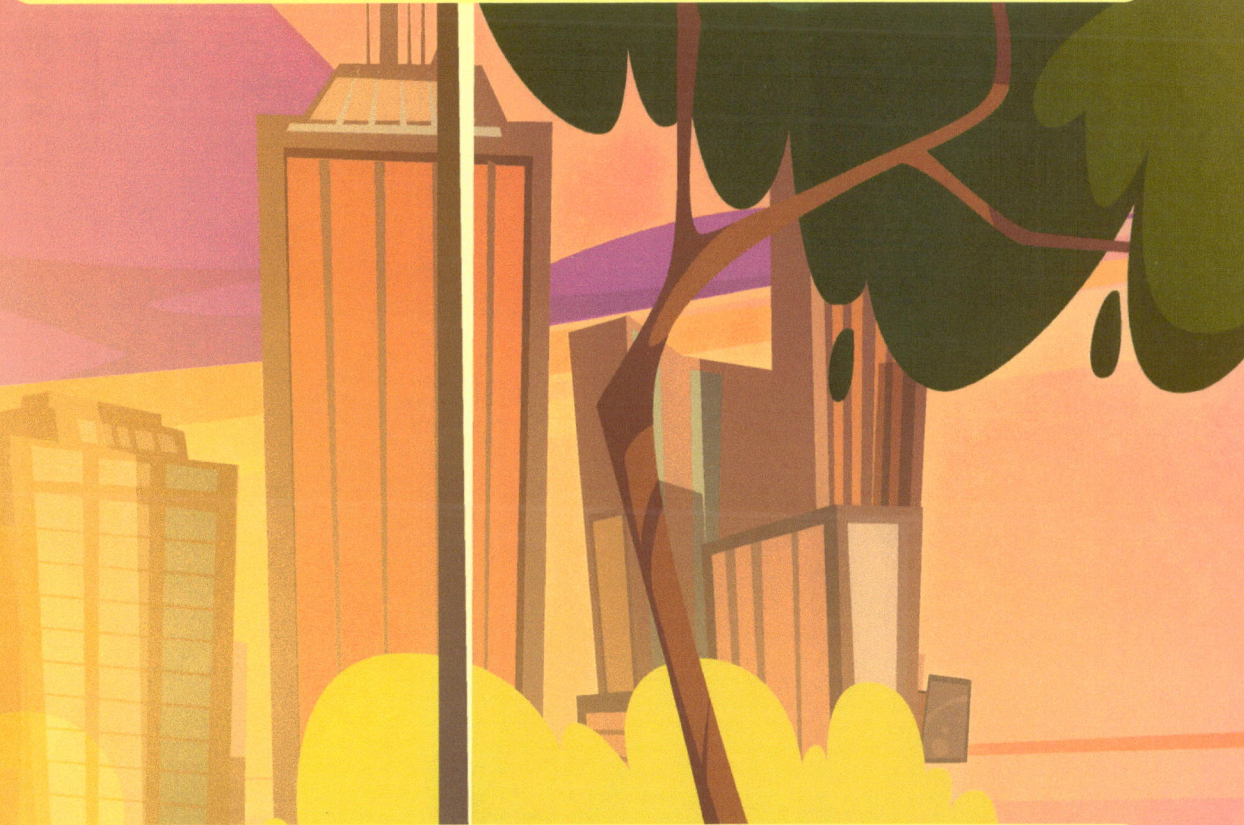

🇧🇷 Ele cuidava das plantas, das flores e dos bichinhos abandonados. Dentre todos, tinha um carinho especial por uma cachorrinha, a fofinha Boneca.

🇪🇸 Él cuidaba de las plantas, de las flores y de los animales abandonados. Entre todos ellos, tenía un cariño especial por una perrita, la mimosa "Muñeca".

🇺🇸 He took care of the plants, flowers, and abandoned animals. Among all, he had a special affection for Dolly, a cute puppy.

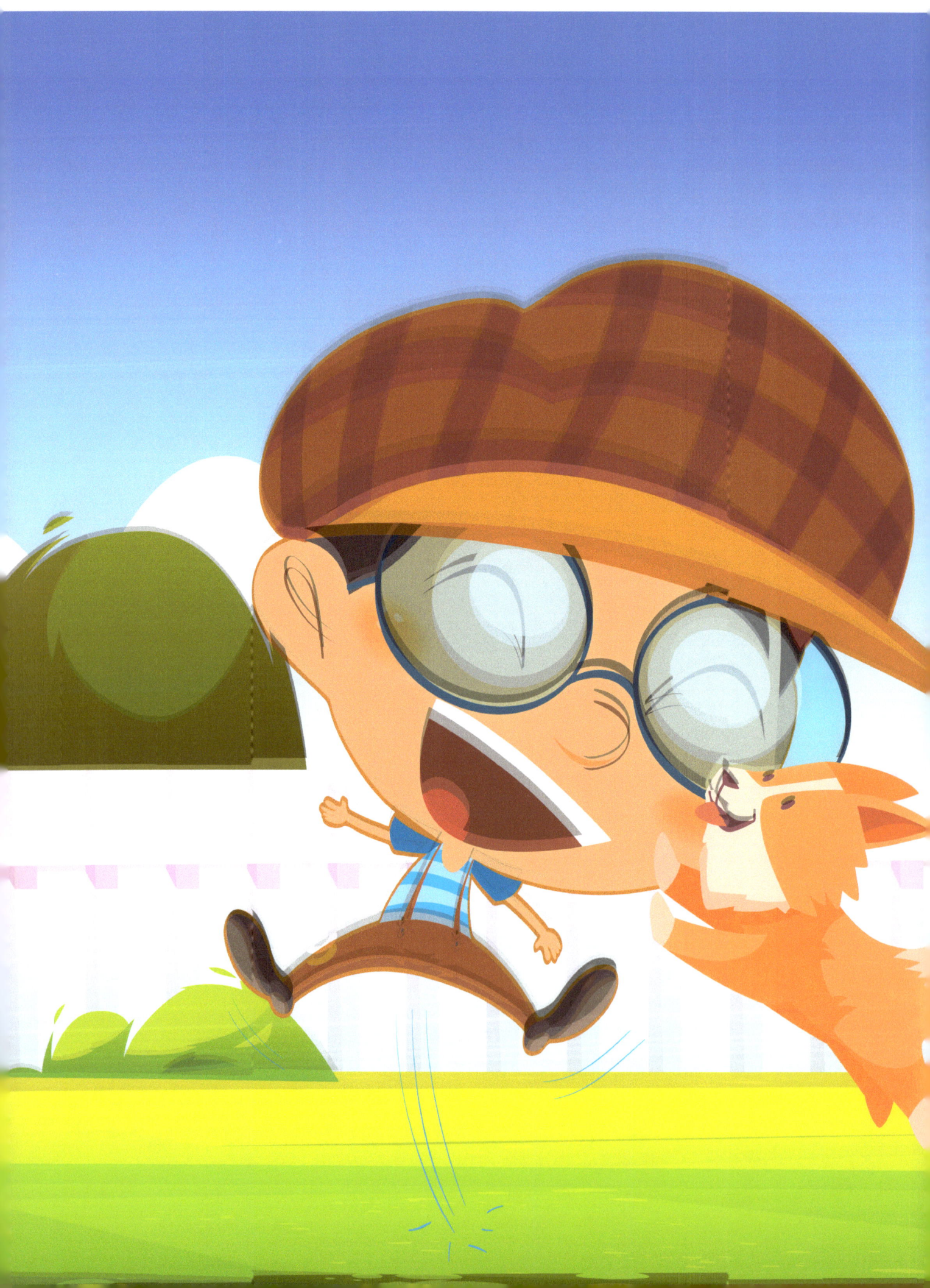

🇧🇷 Quando Chiquinho chegava em casa, Boneca pulava feliz e lambia seu rosto. Quando isso acontecia, o garoto dizia:
– Ah, Boneca, estou com muitas pulgas!
E a fofa Boneca começava a coçar o peito dele com o focinho.

🇪🇸 Cuando Chiquito llegaba a su casa, Muñeca saltaba alegre y le lamía el rostro. Cuando eso pasaba, el niño decía:
–¡Ah, Muñeca, tengo muchas pulgas!
Y la mimosa perrita comenzaba a rascarse el pecho con el hocico.

🇺🇸 When Chiquinho got home, Dolly would jump up and down happily and lick his face. When this happened, the boy would say: "Oh, Dolly, I have a lot of fleas!" And the cute Dolly would start scratching his chest with her snout.

🇧🇷 – Nós, cachorrinhos, somos muito fiéis – disse Lupi.
– Miau! Miau! E nós, gatinhos, também! – falou Oli.

🇪🇸 –Los perritos somos muy fieles –dijo Lupi.
–¡Miau! ¡Miau! ¡Y los gatitos también! –dijo Oli.

🇺🇸 "Us puppies are very faithful," said Lupi.
"Meow! Meow! And us, kittens, too!" said Oli.

🇧🇷 Quando o menino orava e cantava, a fofa Boneca o acompanhava:
"Quanta luz, nesse ambiente, descendo sobre nós, vibrando em nossa mente".

🇪🇸 Cuando el niño rezaba y cantaba, la mimosa "Muñeca" lo acompañaba:
"Cuánta luz, en este ambiente, desciende sobre nosotros, vibrando en nuestra mente".

🇺🇸 When the boy prayed and sang, the cute Dolly accompanied him:
"So much light in this environment, descending over us, vibrating in our minds."

🇧🇷 "Quanta luz, quando assim em prece, como a alma cresce aos olhos de Jesus. Quanta luz, pois, em oração, a voz do Mestre fala ao nosso coração. Quanta luz descendo sobre nós, quanta luz, quanta luz."
(Para escutar a canção aponte a câmera do seu celular para o QR Code.)

🇪🇸 "Cuanta luz, cuando en la oración, cómo el alma crece ante los ojos de Jesús. Cuanta luz, pues en la oración, la voz del Maestro habla a nuestro corazón. Cuanta luz descendiendo sobre nosotros, cuanta luz, cuanta luz."
(Para oír la música, apunte la cámara de su celular al Código QR.)

🇺🇸 "So much light when we are in prayer, our souls grow in Jesus' eyes. So much light, for we are in prayer, the voice of the Master speaks to our hearts. So much light descending over us, so much light, so much light."
(To listen to the music, point your cell phone camera at the QR Code.)

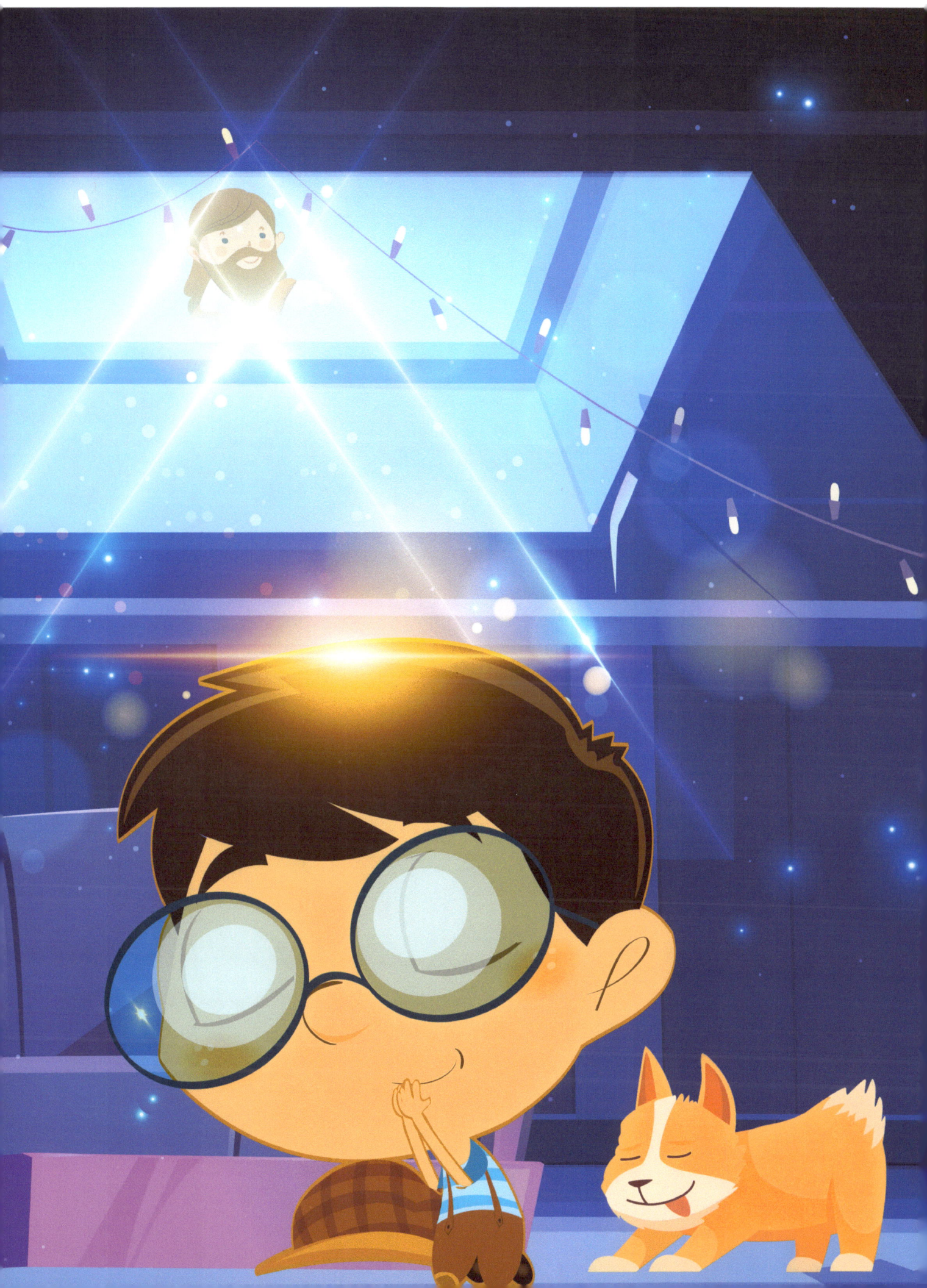

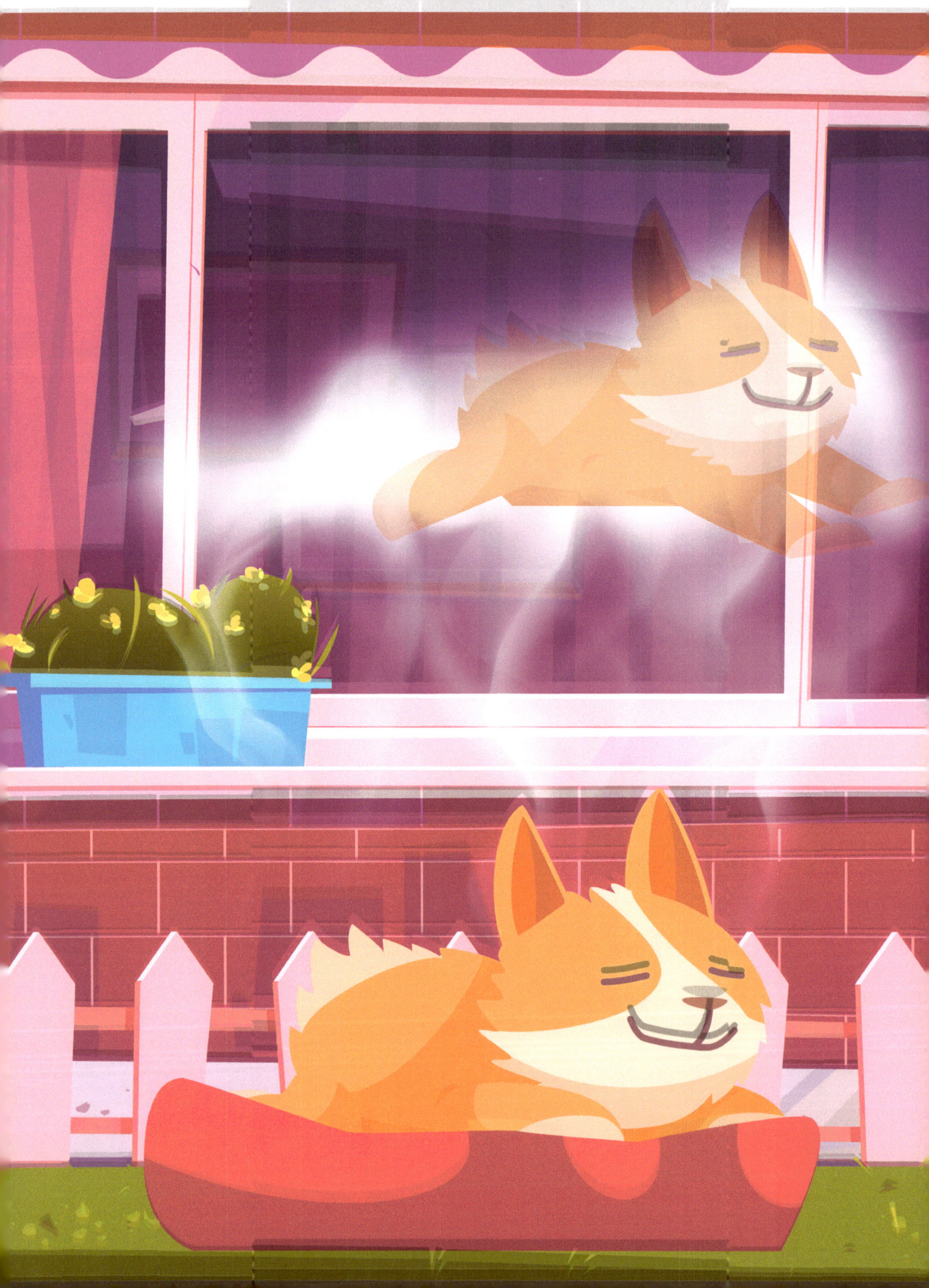

🇧🇷 Chiquinho cuidava muito bem dos bichinhos, por isso, quando via alguém tratando-os mal, ele dizia:
— Quem maltrata um animal, ainda não aprendeu a amar.

🇪🇸 Chiquito cuidaba muy bien a los animales, por eso, cuando veía que alguien los trataba mal, decía:
—Quien maltrata a un animal, aún no ha aprendido a amar.

🇺🇸 Chiquinho took very good care of the animals, so when he saw someone treating them badly, he would say:
"Whoever mistreats an animal has not yet learned to love."

🇧🇷 Mas o tempo passou e a fofa Boneca desencarnou. O seu corpo físico foi enterrado no fundo do quintal, para tristeza do menino, que amava muito sua cachorrinha.

🇪🇸 Pero pasó el tiempo y la mimosa Muñeca desencarnó. Su cuerpo físico fue enterrado en el patio trasero, para tristeza del niño, quien amaba mucho a su perrita.

🇺🇸 But time passed, and the cute Dolly discarnated. Her physical body was buried in the backyard, much to the boy's sadness, who loved his dog very much.

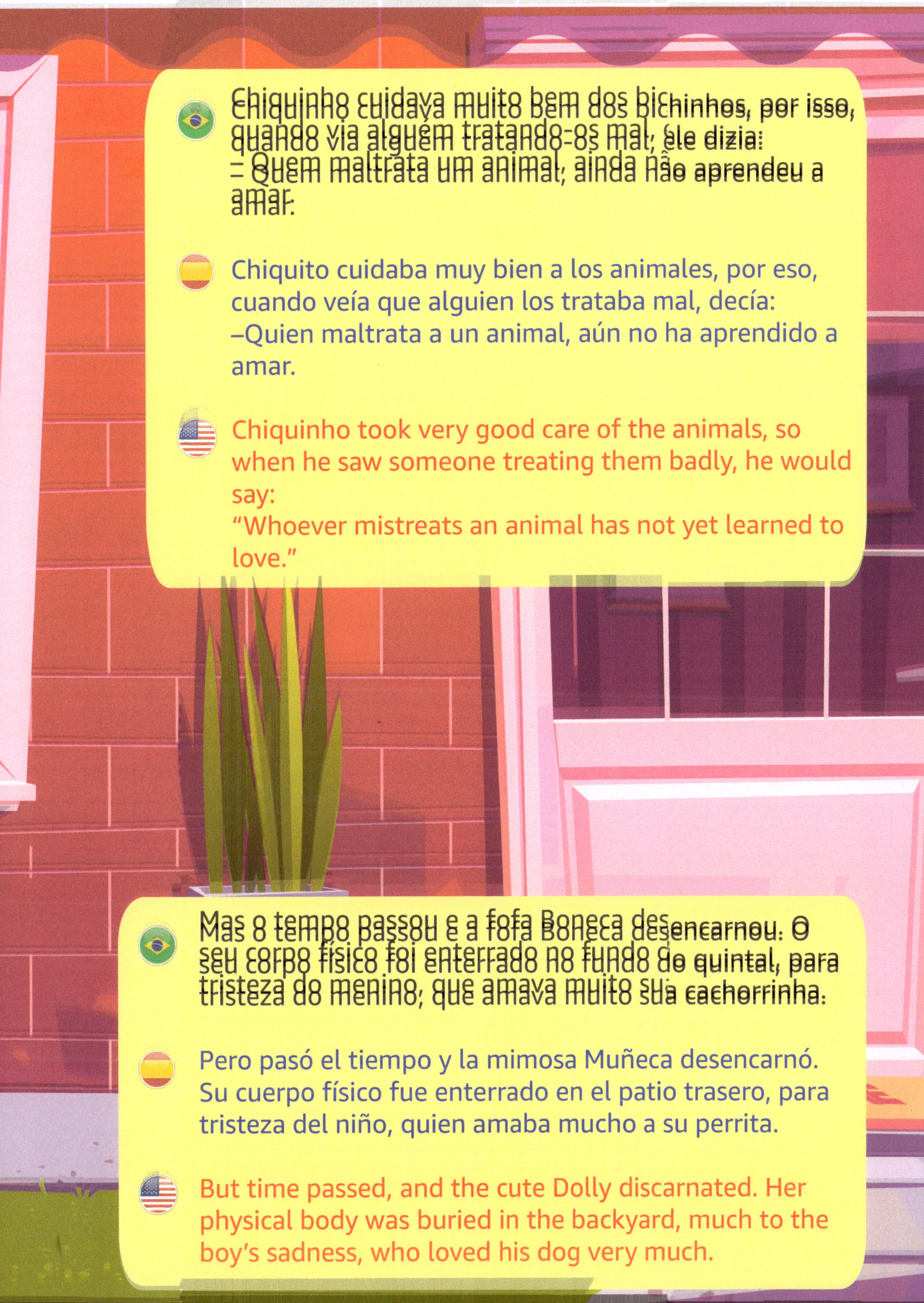

🇧🇷 Tempos depois, um casal de amigos trouxe uma filhotinha, para que ela fizesse companhia ao garoto. Era da mesma raça da sua querida Boneca.

🇪🇸 Algún tiempo después, una pareja de amigos le trajeron una cachorrita para que pudiera hacerle compañía al niño. Ella era de la misma raza que su querida "Muñeca".

🇺🇸 Sometime later, a couple of friends brought a little puppy so she could keep the boy company. She was of the same breed as his dear Dolly.

🇧🇷 A pequenina pulou sobre o colo de Chiquinho e, quando ele disse: "Ah, estou com muitas pulgas!", aconteceu algo interessante.
– Conta! – pediu Oli.

🇪🇸 La cachorrita se subió al regazo de Chiquito, y cuando dijo: –¡Ay, tengo muchas pulgas! –sucedió algo interesante.
–¡Cuenta! –pidió Oli.

🇺🇸 The little puppy jumped on Chiquinho's lap and when he said: "Oh, I have a lot of fleas!", something interesting happened.
"Tell us!" asked Oli.

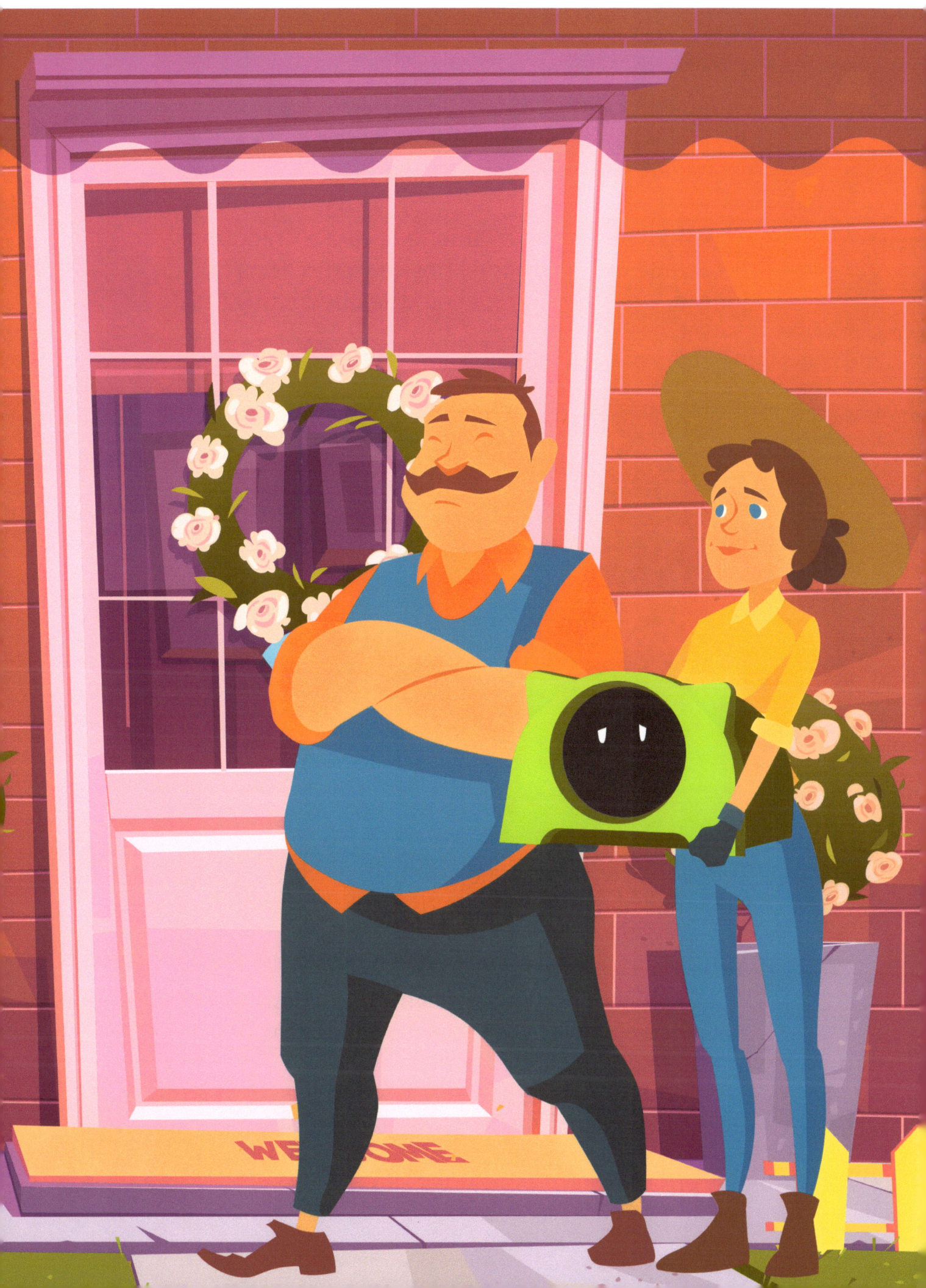

🇧🇷 A pequenina começou a lamber o rosto de Chiquinho e a coçar seu peito com o focinho, como fazia Boneca. E, é claro, o menino ficou muito feliz.

🇪🇸 La cachorrita empezó a lamerle la cara a Chiquito y a rascarle el pecho con el hocico, como hacía Muñeca. Y por supuesto, el niño se quedó muy feliz.

🇺🇸 The little one started licking Chiquinho's face and scratching his chest with her snout, as Dolly used to do. And, of course, the boy was very happy.

🇧🇷 Chiquinho contava que, quando amamos e cuidamos bem dos animais, os Espíritos amigos os trazem de volta.

🇪🇸 Chiquito dijo que cuando amamos y cuidamos bien a los animales, los Espíritus amigos los traen de vuelta.

🇺🇸 Chiquinho used to say that when we love and take good care of the animals, friendly Spirits bring them back.

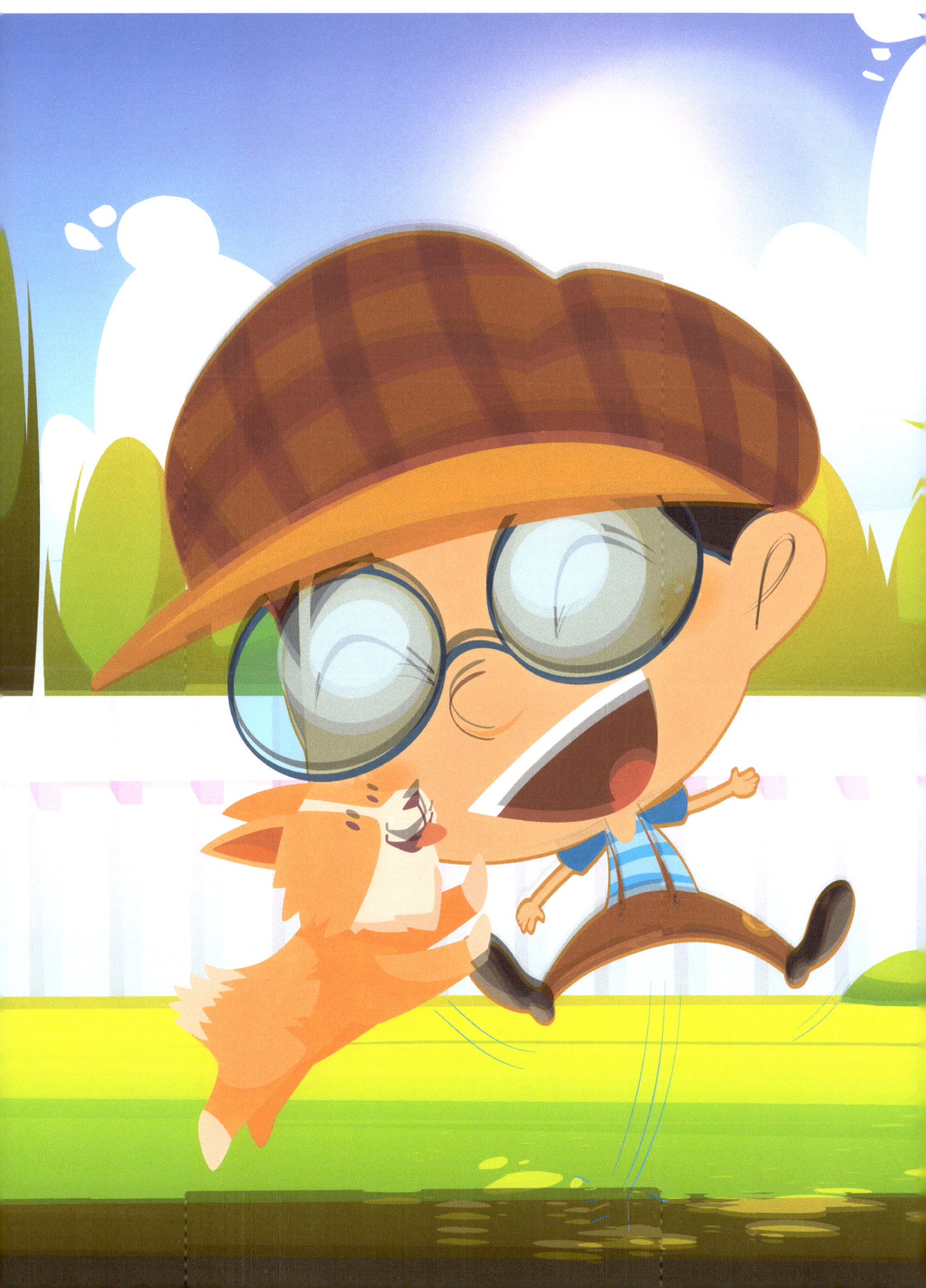

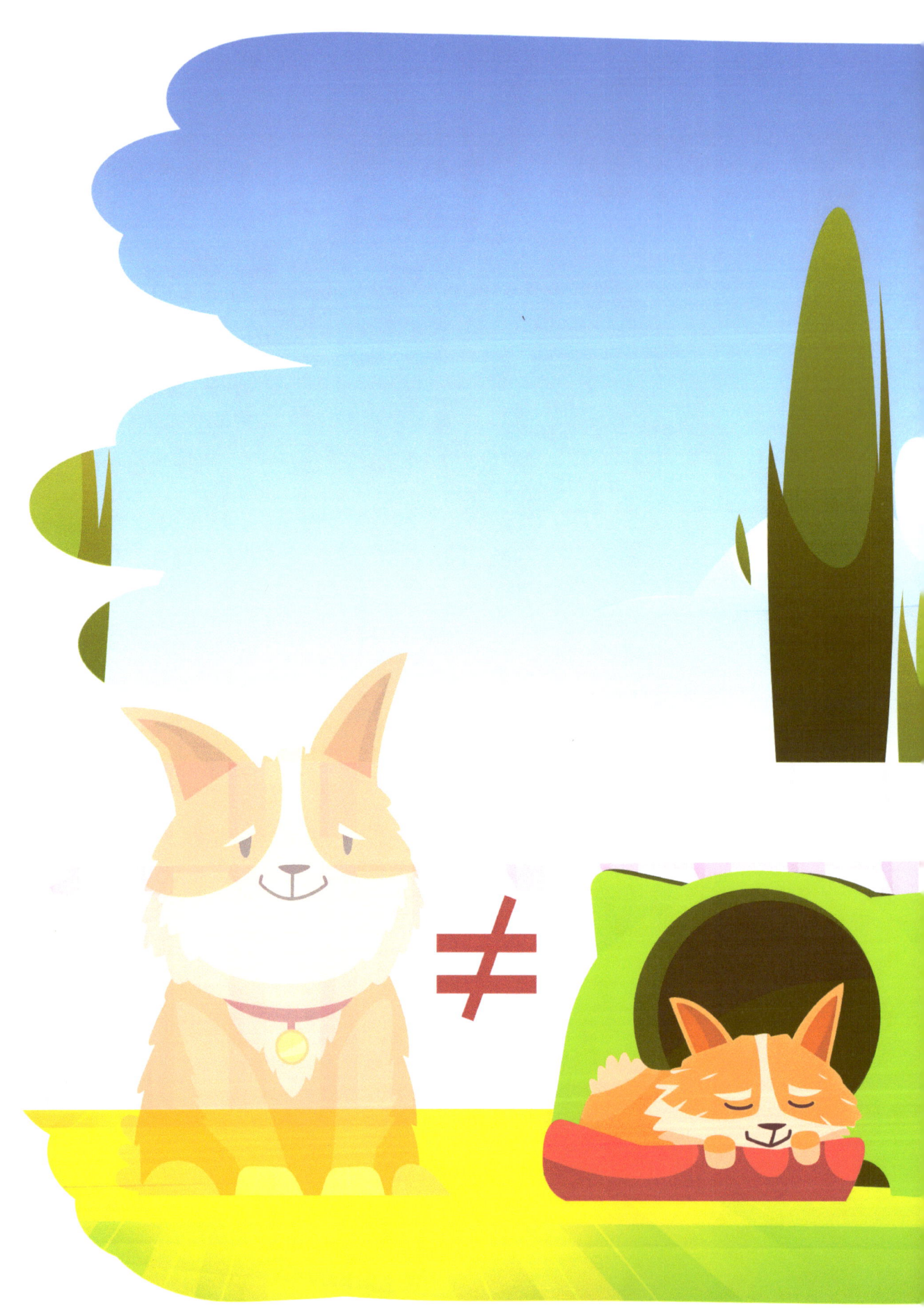

🇧🇷 – Eu tenho uma pergunta – disse Oli. – A pequenina que chegou era Boneca reencarnada?
– Não! – respondeu a cadelinha da feira.

🇪🇸 –Tengo una pregunta –dijo Oli. –¿La cachorrita que llegó era "Muñeca" reencarnada?
–¡No! –respondió la perrita de la feria.

🇺🇸 "I have a question," Oli said. "Was the little one that arrived Dolly reincarnated?"
"No!" replied the dog from the fair.

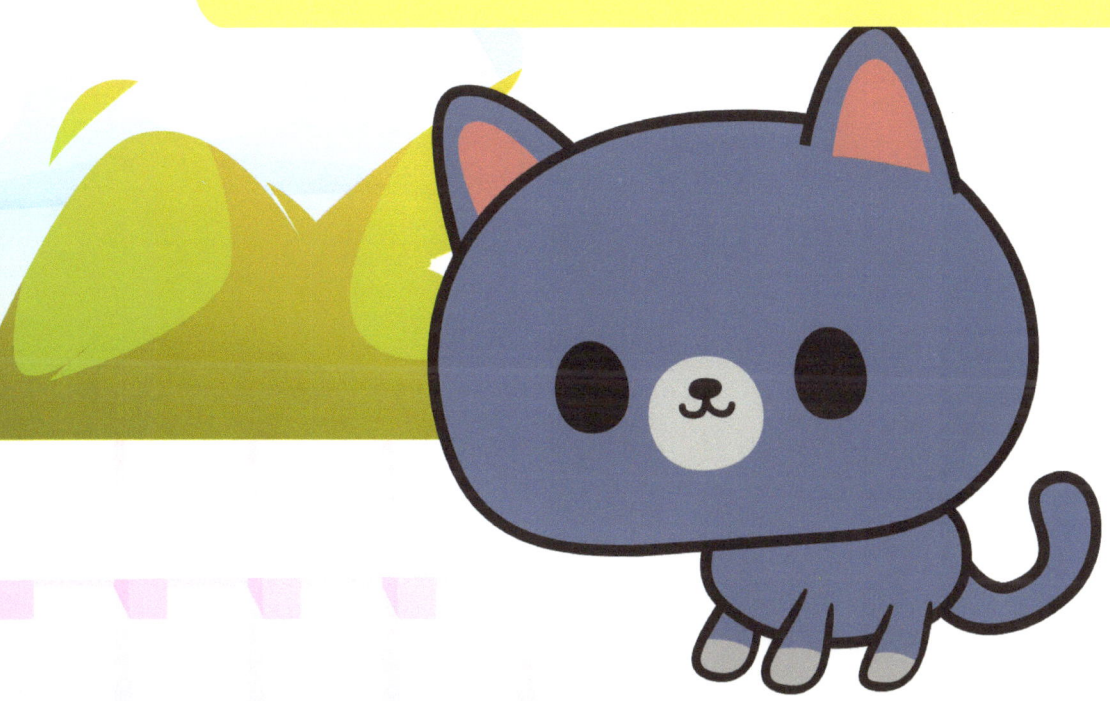

🇧🇷 – Mas, então, como a filhotinha fez os mesmos carinhos que a fofa Boneca fazia? – quis saber Oli.

🇪🇸 –Entonces, ¿cómo la cachorrita hizo las mismas caricias que hacía la mimosa "Muñeca"? –quiso saber Oli.

🇺🇸 "But then, how did the little puppy make the same affectionate gestures that the cute Dolly used to?" Oli wanted to know.

🇧🇷 A cachorrinha da feira explicou:
– A fofa Boneca desencarnada estava ensinando à filhotinha, os carinhos de que Chiquinho gostava.
– Que lindo! – falou Oli. – Continue contando!
– Chiquinho sempre dizia que os seres humanos estão na natureza para ajudar no progresso dos animais, assim como os anjos fazem com a gente. – disse a cachorrinha. – Em outras palavras, estamos aqui para apoiar uns aos outros.

 La perrita de la feria explicó:
–La mimosa Muñeca desencarnada le estaba enseñando a la cachorrita, los cariños que le gustaban a Chiquito.
–¡Que lindo! –dijo Oli.– ¡Sigue contando!
–Chiquito siempre dijo que los seres humanos están en la naturaleza para ayudar a los animales a progresar, al igual que los ángeles hacen con nosotros. –dijo la perrita.– En otras palabras, estamos aquí para apoyarnos unos a los otros.

 The fair's dog explained:
"The cute discarnated Dolly was teaching the little puppy the affectionate gestures that Chiquinho liked."
"How beautiful!" said Oli. "Keep going!"
"Chiquinho always said that human beings are in nature to help animals progress, just like angels do with us," said the puppy. "In other words, we are here to support each other."

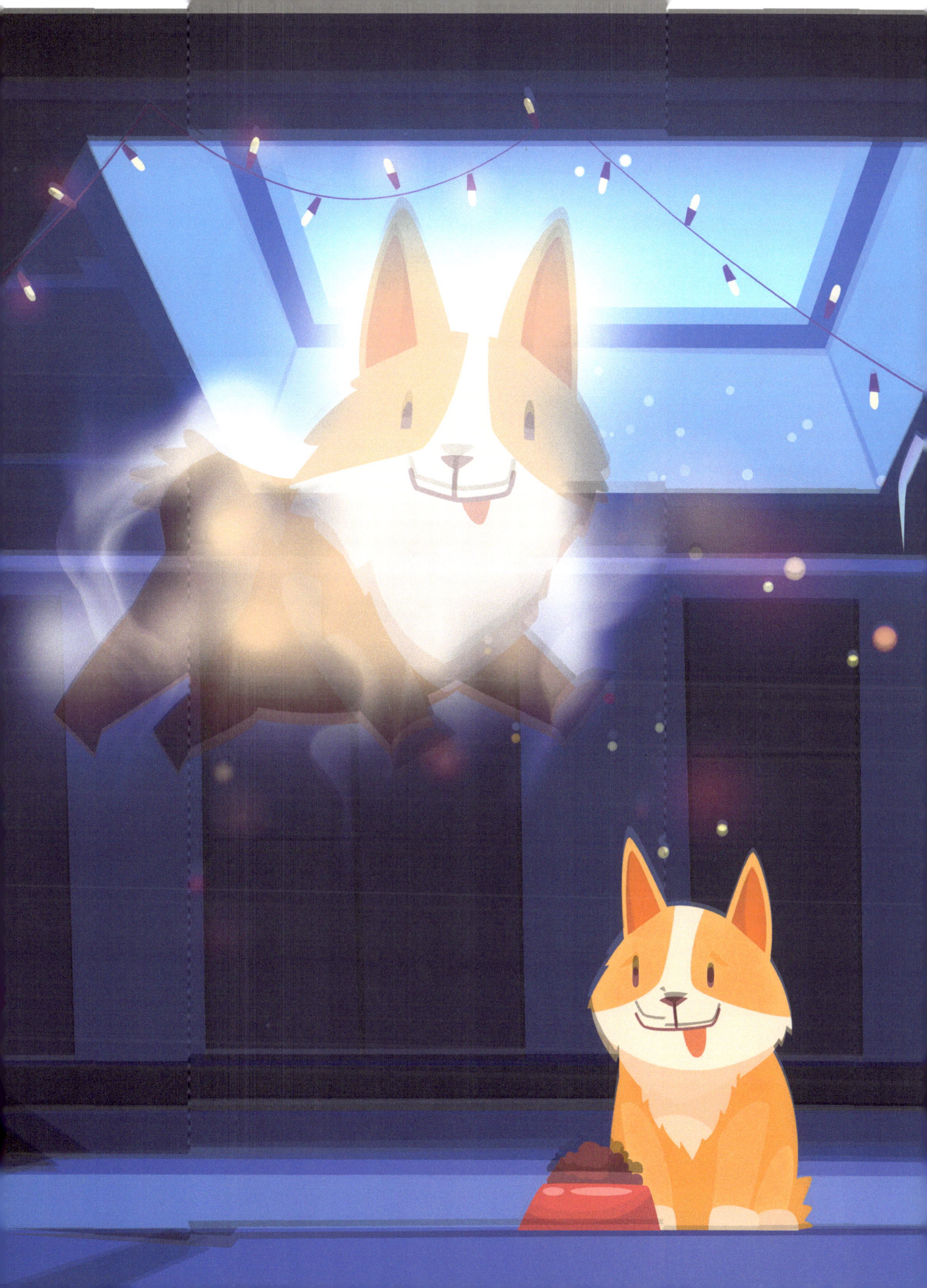

🇧🇷 Logo que a cadelinha terminou de contar a história, alguém chegou para adotá-la, e ela se despediu:
– Tchau! Chegou minha hora de ter uma família. Au, au!

🇪🇸 Justo cuando la perrita terminaba de contar la historia, llegó alguien para adoptarla y ella se despidió:
–¡Adiós! Es mi momento de tener una familia ¡Guau, guau!

🇺🇸 As soon as the little dog finished telling the story, someone arrived to adopt her, and she said goodbye: "Goodbye! It's time for me to have a family. Woof, woof!"

🇧🇷 – Tchau, amiguinha. Boa sorte! – despediram-se Lupi e Oli, felizes por sua amiga ter conseguido um lar.
De volta a casa, nossos amigos tiveram uma surpresa.

🇪🇸 –Adiós, amiguita. ¡Buena suerte! –Lupi y Oli se despidieron, felices de que su amiga encuentre un hogar.
De vuelta a casa, nuestros amigos se llevaron una sorpresa.

🇺🇸 "Bye, little friend. Good luck!" Lupi and Oli said goodbye, happy that their friend had found a home.
Back home, our friends were in for a surprise.

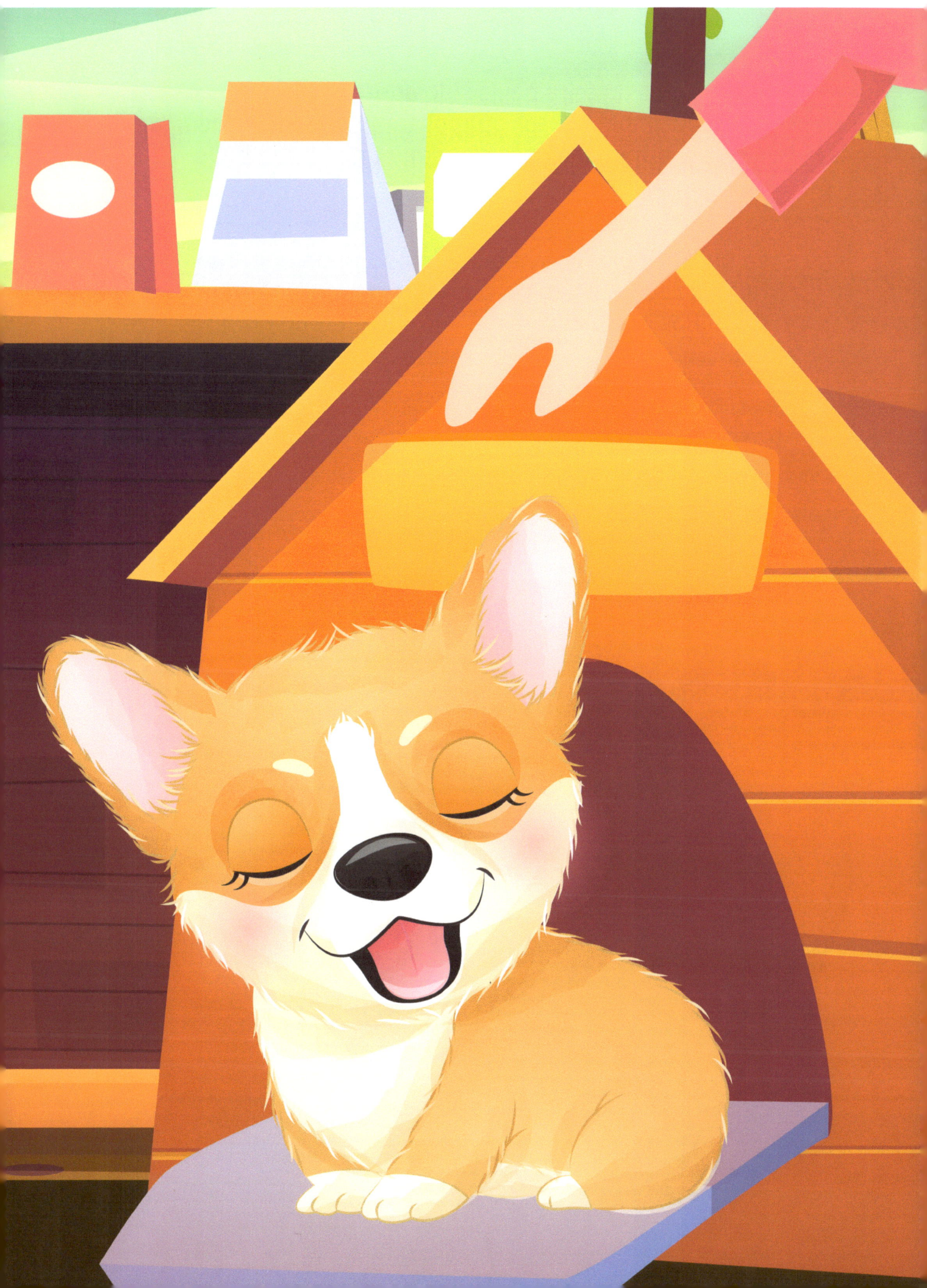

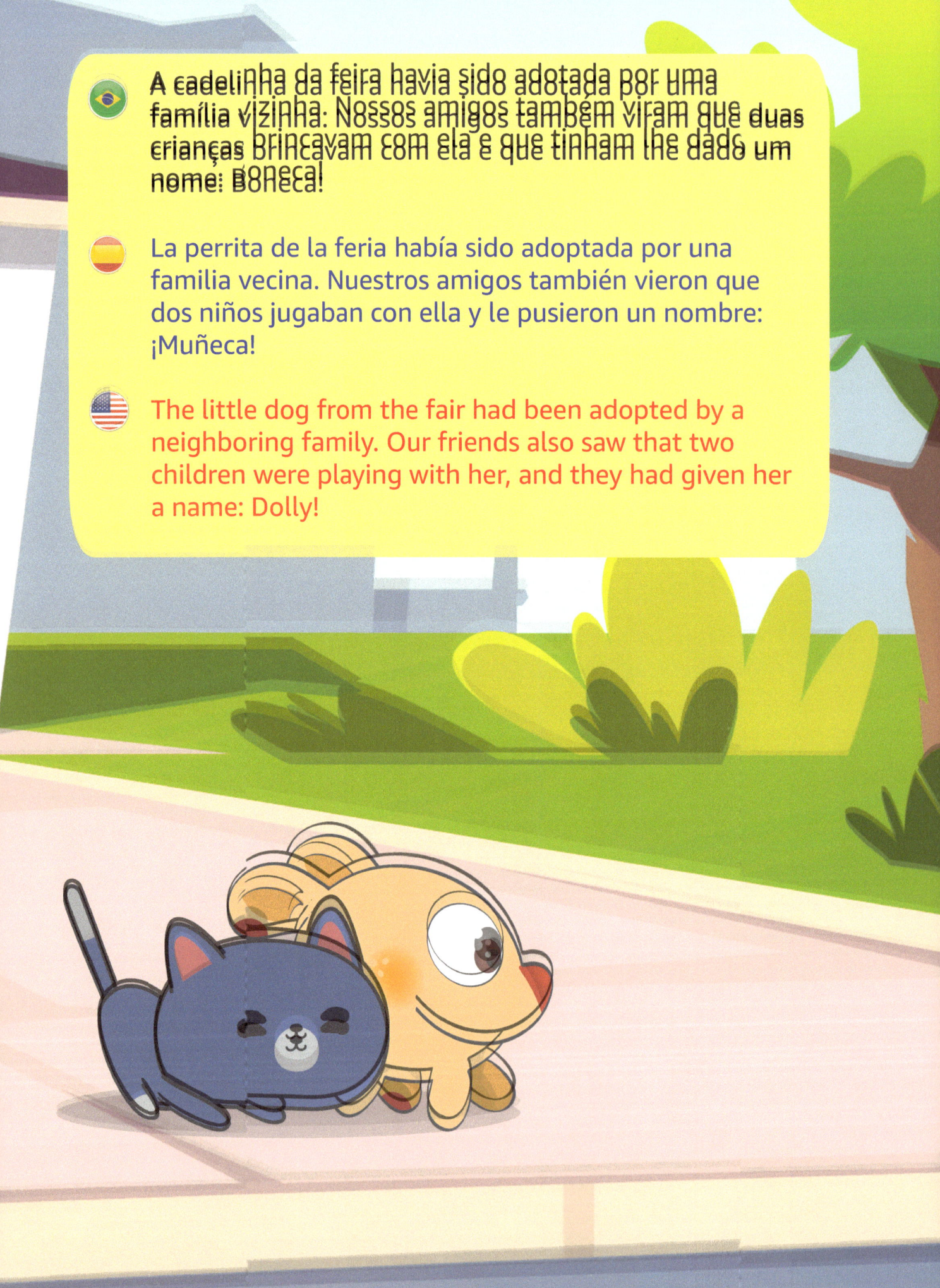

🇧🇷 A cadelinha da feira havia sido adotada por uma família vizinha. Nossos amigos também viram que duas crianças brincavam com ela e que tinham lhe dado um nome: Boneca!

🇪🇸 La perrita de la feria había sido adoptada por una familia vecina. Nuestros amigos también vieron que dos niños jugaban con ella y le pusieron un nombre: ¡Muñeca!

🇺🇸 The little dog from the fair had been adopted by a neighboring family. Our friends also saw that two children were playing with her, and they had given her a name: Dolly!

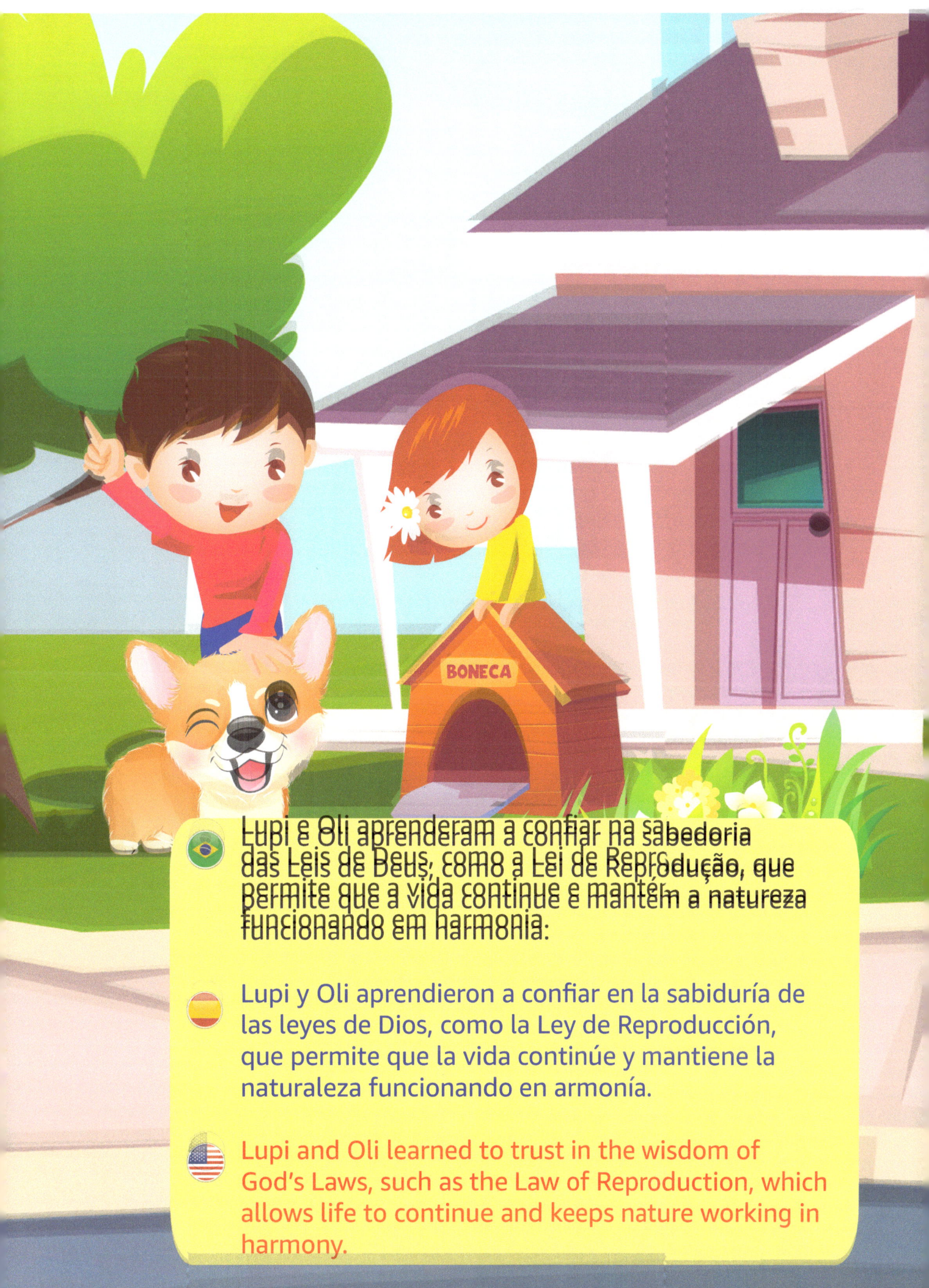

Lupi e Oli aprenderam a confiar na sabedoria das Leis de Deus, como a Lei de Reprodução, que permite que a vida continue e mantém a natureza funcionando em harmonia.

Lupi y Oli aprendieron a confiar en la sabiduría de las leyes de Dios, como la Ley de Reproducción, que permite que la vida continúe y mantiene la naturaleza funcionando en armonía.

Lupi and Oli learned to trust in the wisdom of God's Laws, such as the Law of Reproduction, which allows life to continue and keeps nature working in harmony.

## Glossário
**Adoção de animais:** forma amorosa de cuidar de bichinhos abandonados.
**Harmonia:** equilíbrio que permite viver em paz.
**Lei de Reprodução:** Lei de Deus, ou Lei da Natureza, que permite aos seres vivos multiplicar-se, mantendo tudo em harmonia.
**Quanta luz:** (QR Code da música) canção que ajuda a elevar nosso coração até Jesus.

## Glosario
**Adopción de animales:** forma amorosa de cuidar a las mascotas abandonadas.
**Armonía:** equilibrio que permite vivir en paz.
**Ley de Reproducción:** Ley de Dios, o Ley de la Naturaleza, que permite que los seres vivos se multipliquen, manteniendo todo en armonía.
**Cuanta luz:** (Código QR de la canción) canción que ayuda a elevar nuestro corazón hasta Jesús.

## Glossary
**Animal adoption:** a loving way to take care of abandoned pets.
**Harmony:** balance that allows us to live in peace.
**Law of Reproduction:** Law of God, or Law of Nature, which allows living beings to multiply, keeping everything in harmony.
**How much light:** (QR Code of the song) song that helps lift our hearts to Jesus.

**Mais informações sobre a Lei de Reprodução em:**
1. KARDEC, Allan. *O Livro dos Espíritos*. Questões 686-701.
2. DA SILVEIRA, Adelino. *Kardec Prossegue*.

**Más información sobre la Ley de Reproducción en:**
1. KARDEC, Allan. *El Libro de los Espíritus*. Preguntas 686-701.
2. DA SILVEIRA, Adelino. *Kardec continúa*.

**More information about the Law of Reproduction at:**
1. KARDEC, Allan. *The Spirits' Book*. Questions 686-701.
2. DA SILVEIRA, Adelino. *Kardec Continues*.

**Mais informações sobre o autor:**
**Más informaciones sobre el autor:**
**More information about the author:**

**www.luishu.**

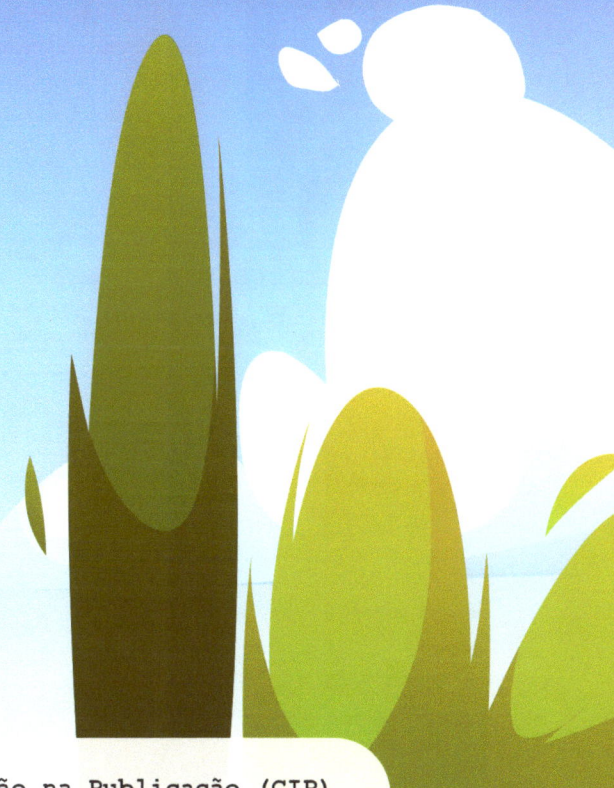

Dados Internacionais de Catalogação na Publicação (CIP)
(Câmara Brasileira do Livro, SP, Brasil)

Hu Rivas, Luis
   Kit Evangelho / Luis Hu Rivas. -- Brasília, DF : Hu Producoes, 2022.

   **ISBN**: 978-65-990675-0-1

   1. Evangelho - Literatura infantojuvenil
2. Literatura infantojuvenil I. Rivas, Luis Hu. II. Título.

CDD-028.5

Índices para catálogo sistemático:

1. Evangelho : Literatura infantil    028.5
2. Evangelho : Literatura infantojuvenil    028.5

Revisão ao espanhol: Sonia Rivas
Tradução ao inglês: Camila Tufts
Revisão ao inglês: Vanessa Anseloni

HU PRODUCOES
TODOS OS DIREITOS RESERVADOS.

IMPRESSO NO BRASIL

Consegue encontrar as imagens?
¿Puedes encontrar las imágenes?
Can you find the images?

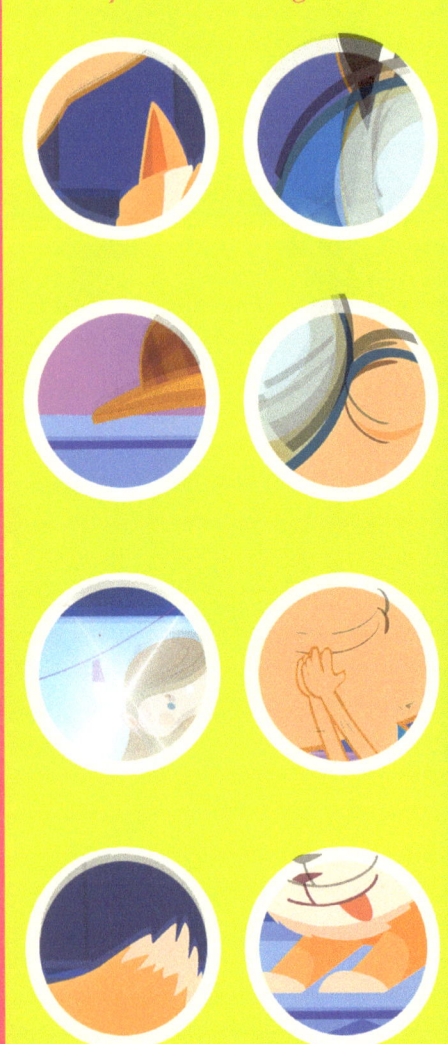
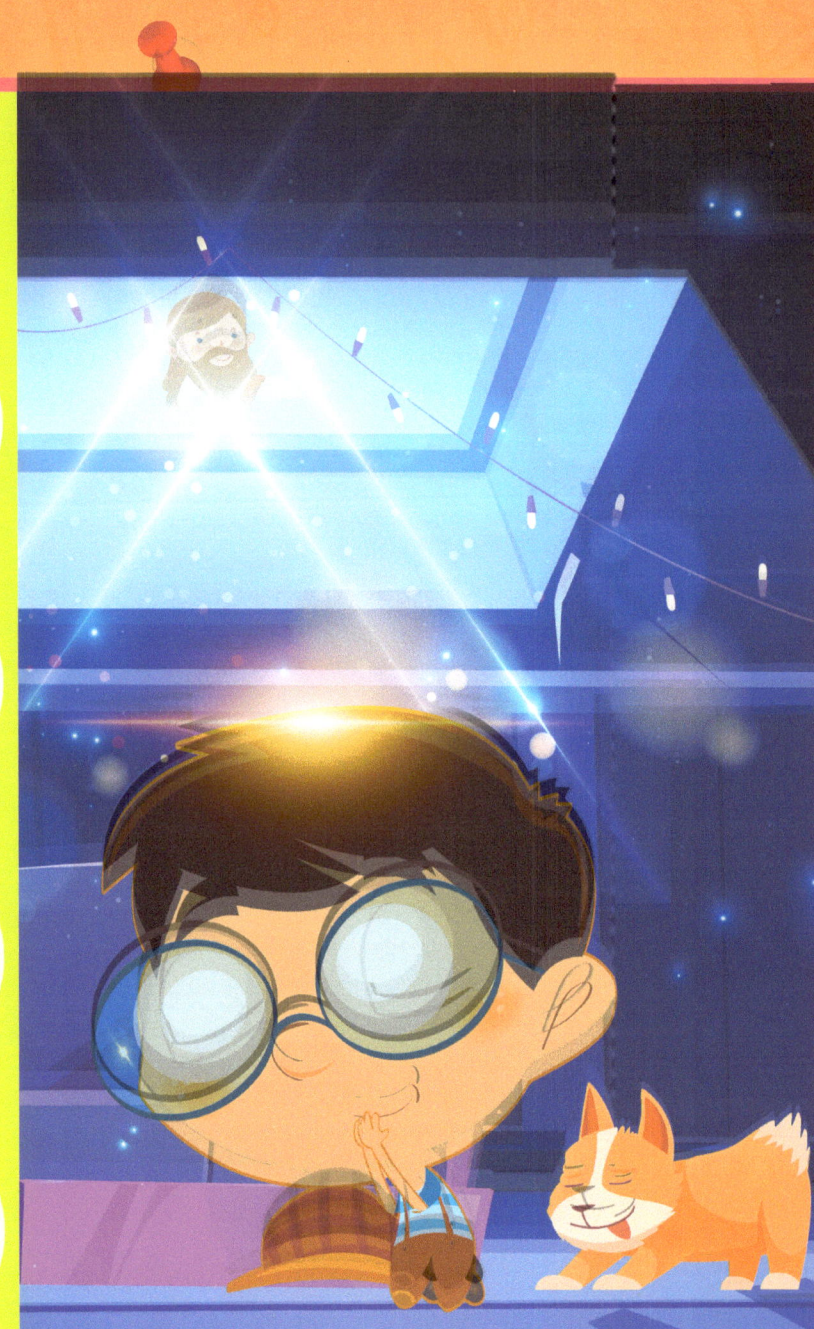

Labirinto - Laberinto - Maze

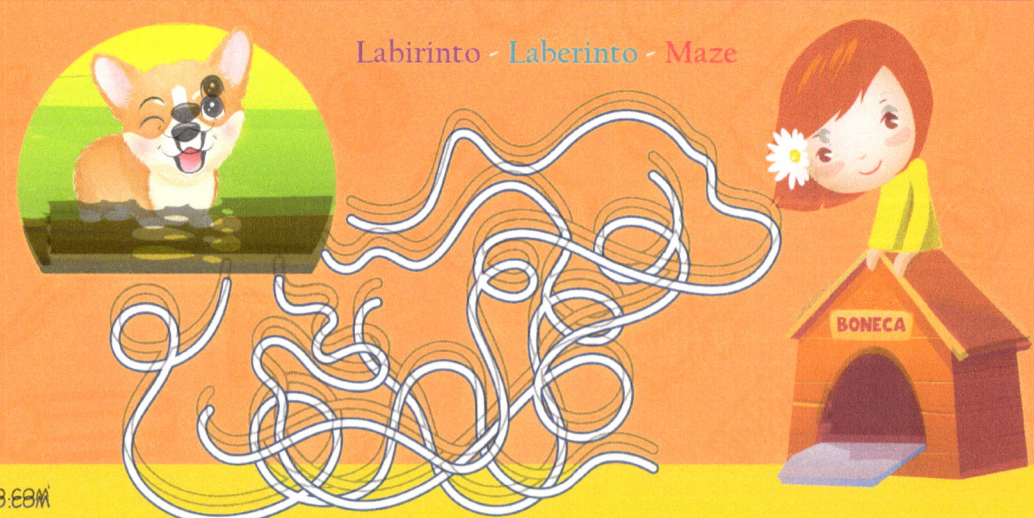

Observe os desenhos e encontre as DEZ diferenças existentes entre eles.
Mira los dibujos y encuentre las 10 diferencias entre ellos.
Look at the drawings and find the 10 differences between them.

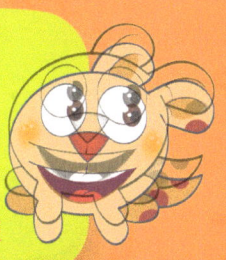

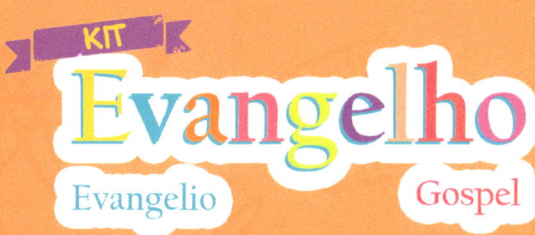

Evangelio   Gospel

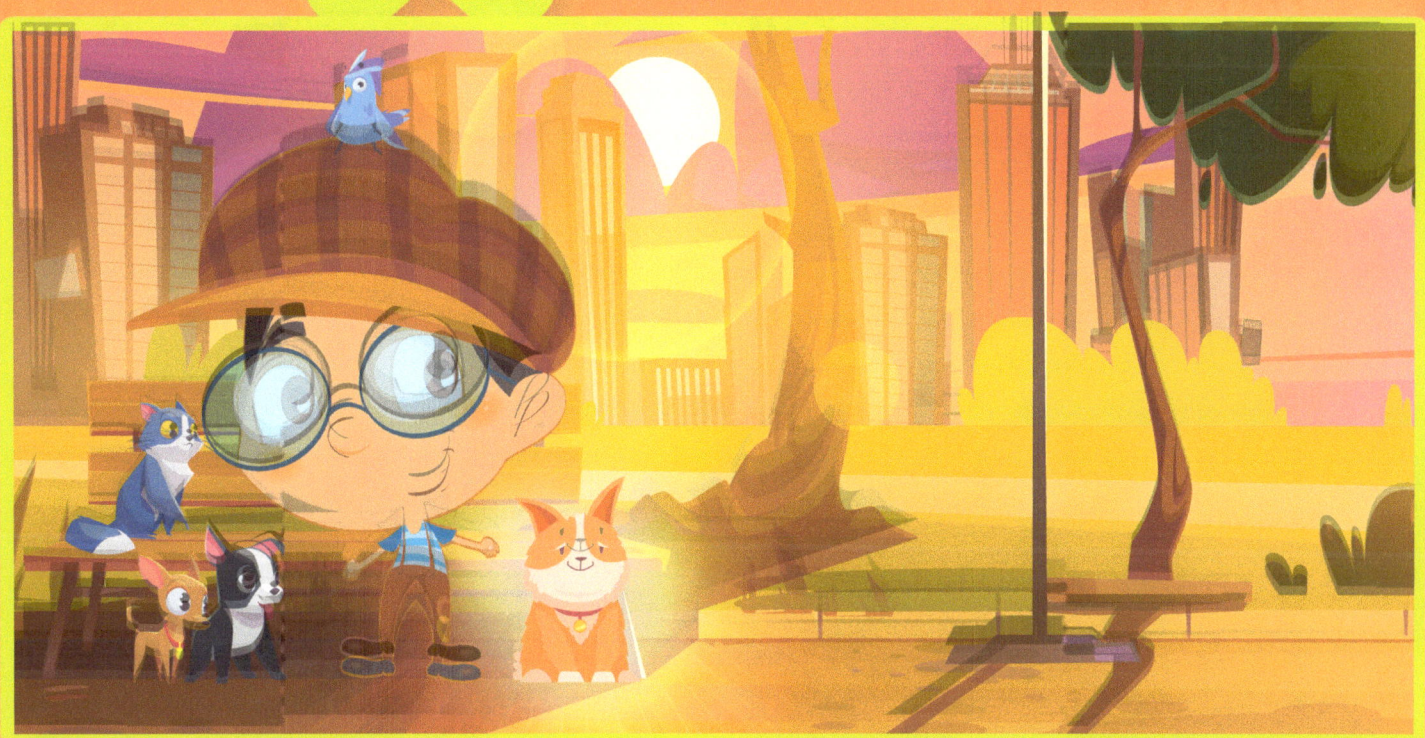

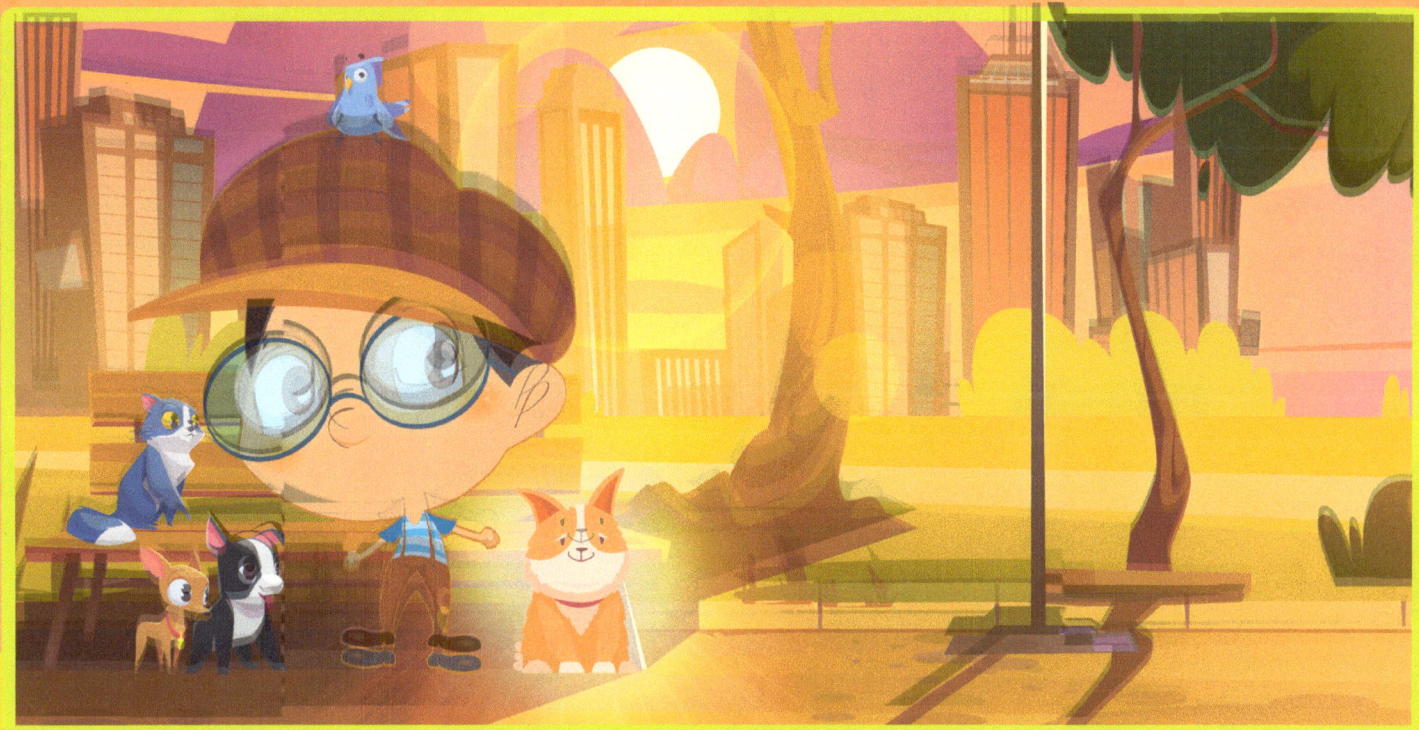

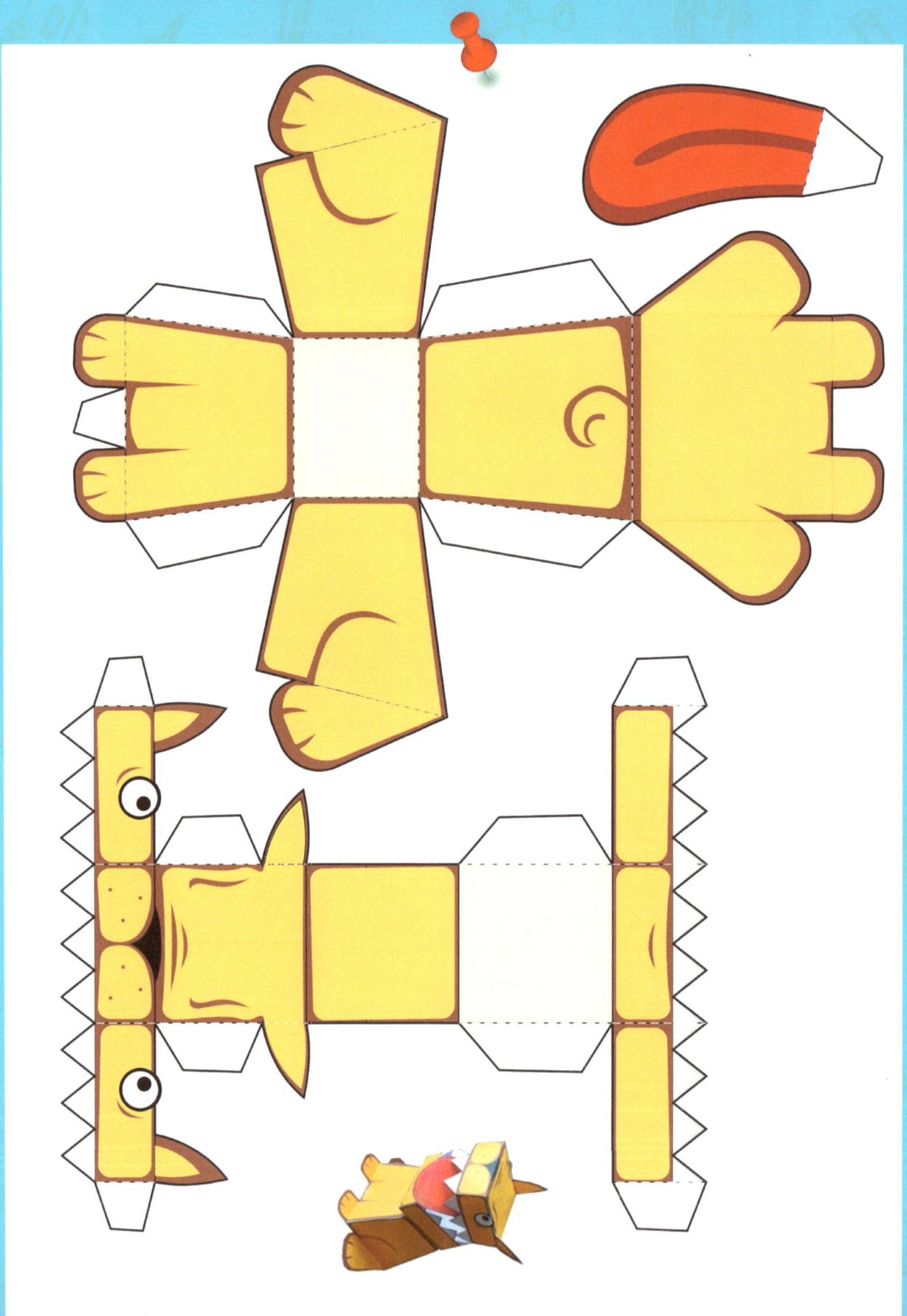

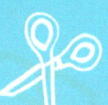

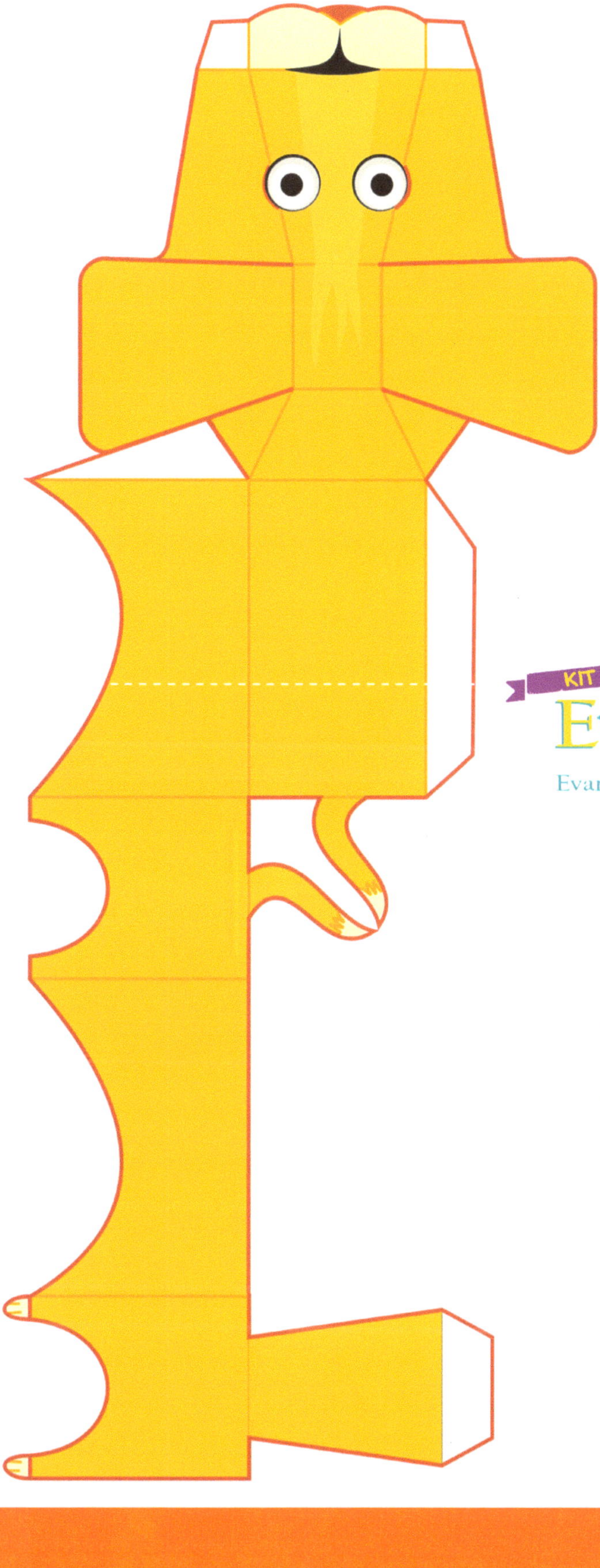

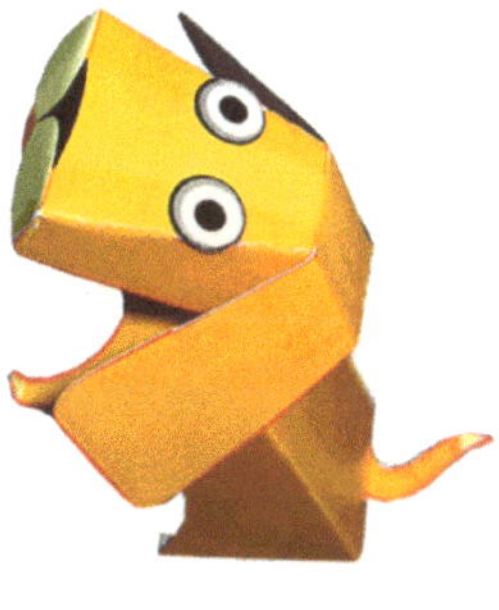

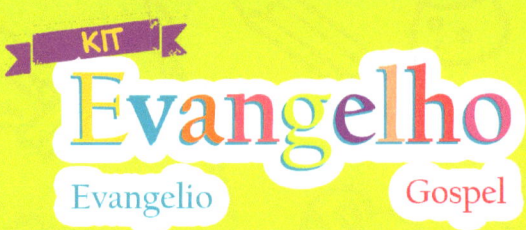

## KIT Evangelho
### Evangelio — Gospel

A Lei de Reprodução permite que a vida continue.
La Ley de Reproducción permite que la vida continúe.
The the Law of Reproduction allows life to continue

### Copie o desenho - Copia el dibujo - Copy the picture.

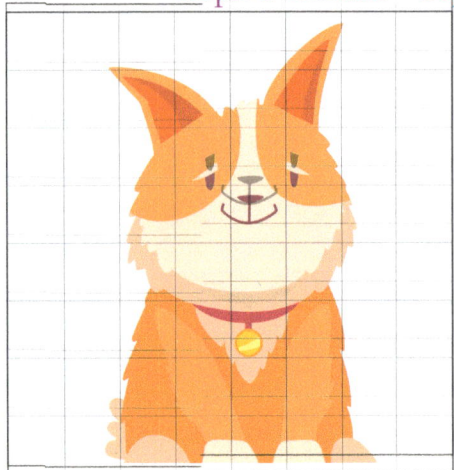

### Colorir - Colorear - Color

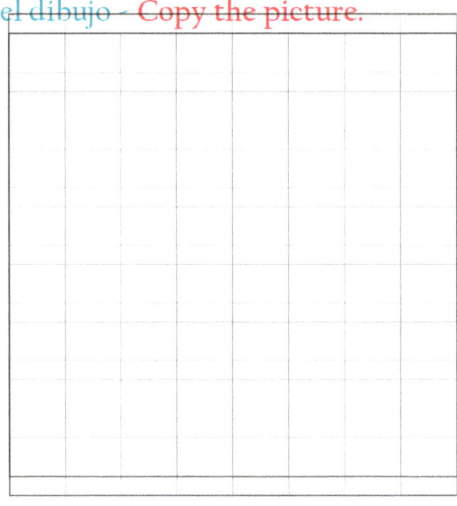

Qual será o nome do amigo de Lupi?
¿Cómo se llama el amigo de Lupi?
What's the name of Lupi's friend?

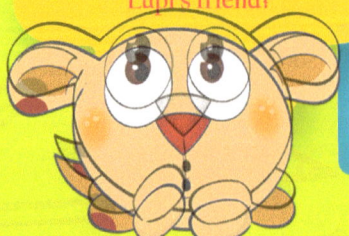

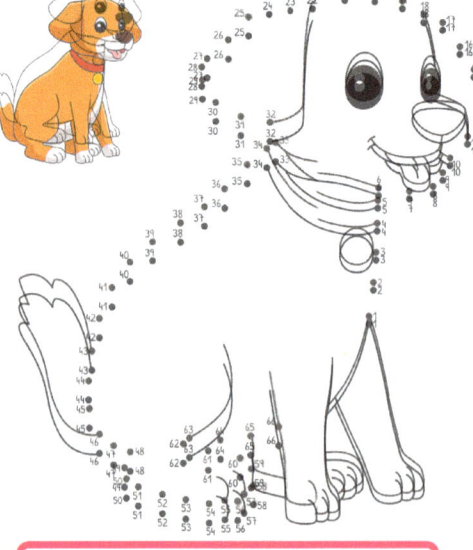

Nome:
Nombre:
Name:

## Caça-palavras - Pupiletras - Word search

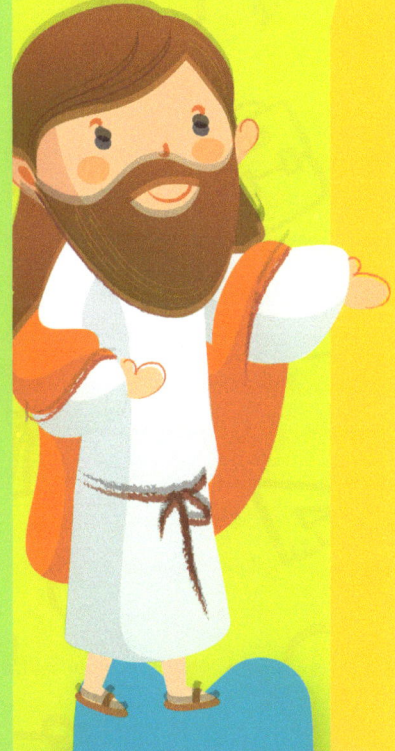

```
N O I E R O B A L D R R
O R E A G N E B R E O
A R M H A R M O N Y P R
E I O A R I V B I D R
H R R M E R T A S O E
B E O H O O T I Z A D D
O B U S N O R O O I U I
R N S I I A R N R C R
B H T E A C H A U C T I
E H A R M O N I A Y I R
R E R R O B B U C C I O N
A I E L B A R A I S N A
```

🇧🇷 **REPRODUÇÃO**  **ADOÇÃO**  **HARMONIA**

🇪🇸 **REPRODUCCIÓN**  **ADOPCIÓN**  **ARMONÍA**

🇺🇸 **REPRODUCTION**  **ADOPTION**  **HARMONY**

Quanta luz, nesse ambiente, descendo sobre nós.

Cuánta luz, en este ambiente, desciende sobre nosotros.

How much light, in this environment, descending on us.

Devemos amar e cuidar de todos os seres.
Debemos amar y cuidar de todos los seres.
We must love and take care of all beings.

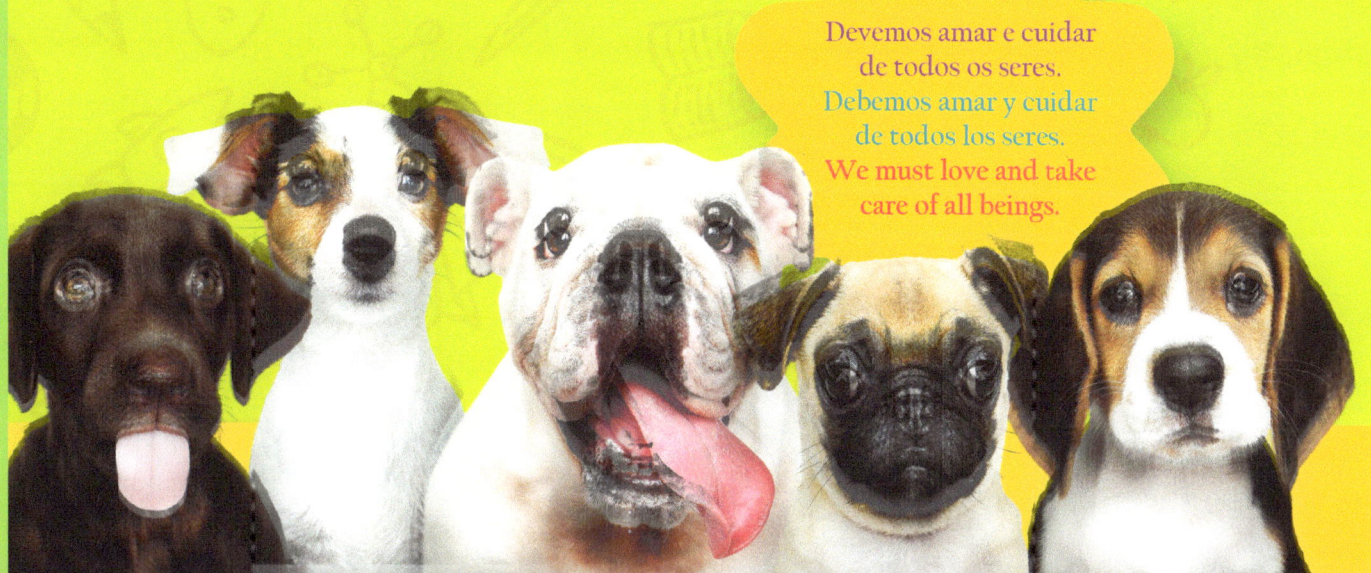

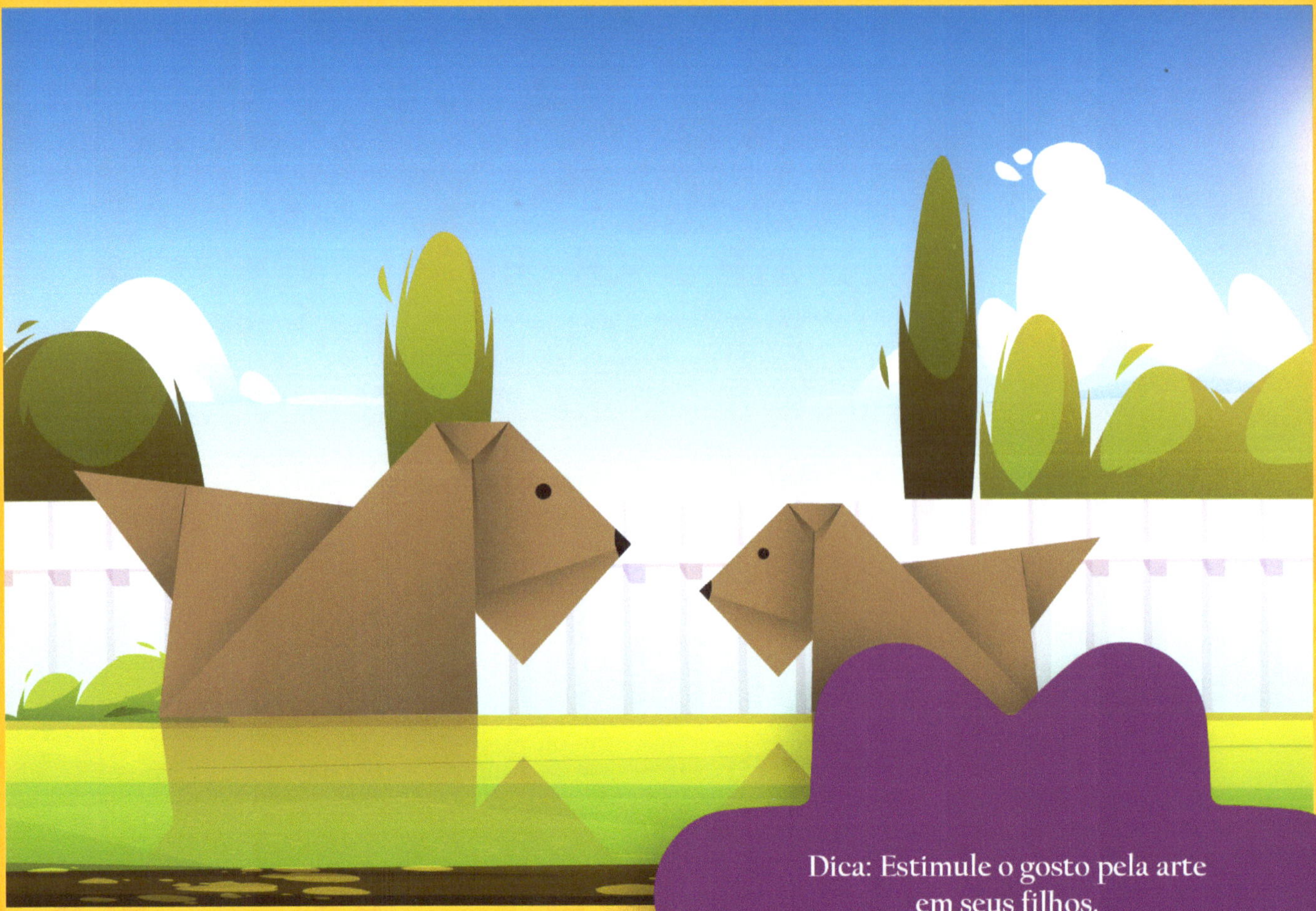

## 🟢 VAMOS FAZER CACHORROS EM ORIGAMI

Venha aprender a fazer bichinhos com dicas e passo a passo dessa incrível arte milenar japonesa.

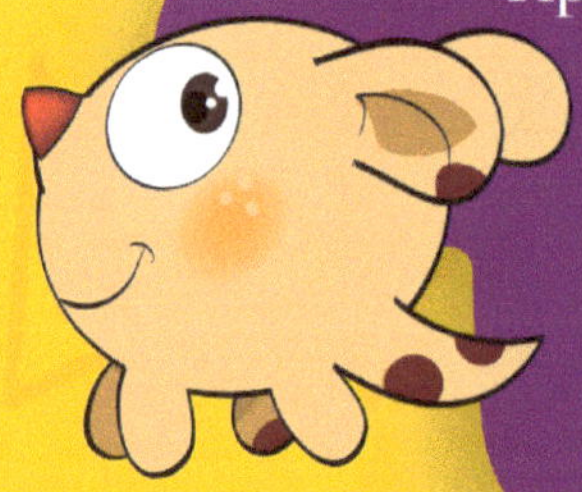

Dica: Estimule o gosto pela arte em seus filhos.

Consejo: Fomente el gusto por el arte en sus hijos.

Tip: Encourage a taste for art in your children.

## 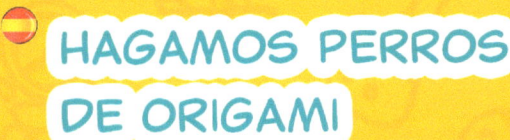 HAGAMOS PERROS DE ORIGAMI

Ven a aprender cómo hacer animalitos con consejos y paso a paso de este increíble arte antiguo japonés.

## 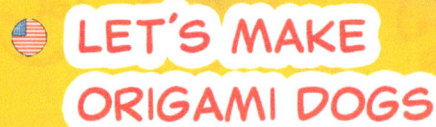 LET'S MAKE ORIGAMI DOGS

Come learn how to make animals with tips and step by step this incredible ancient Japanese art.

# CACHORRO
## PERRO
### DOG

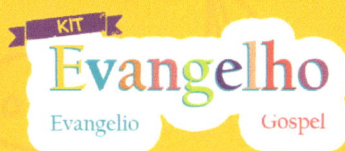
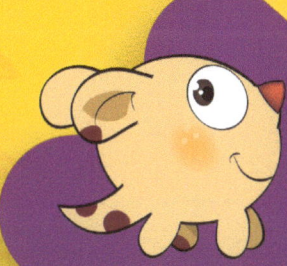

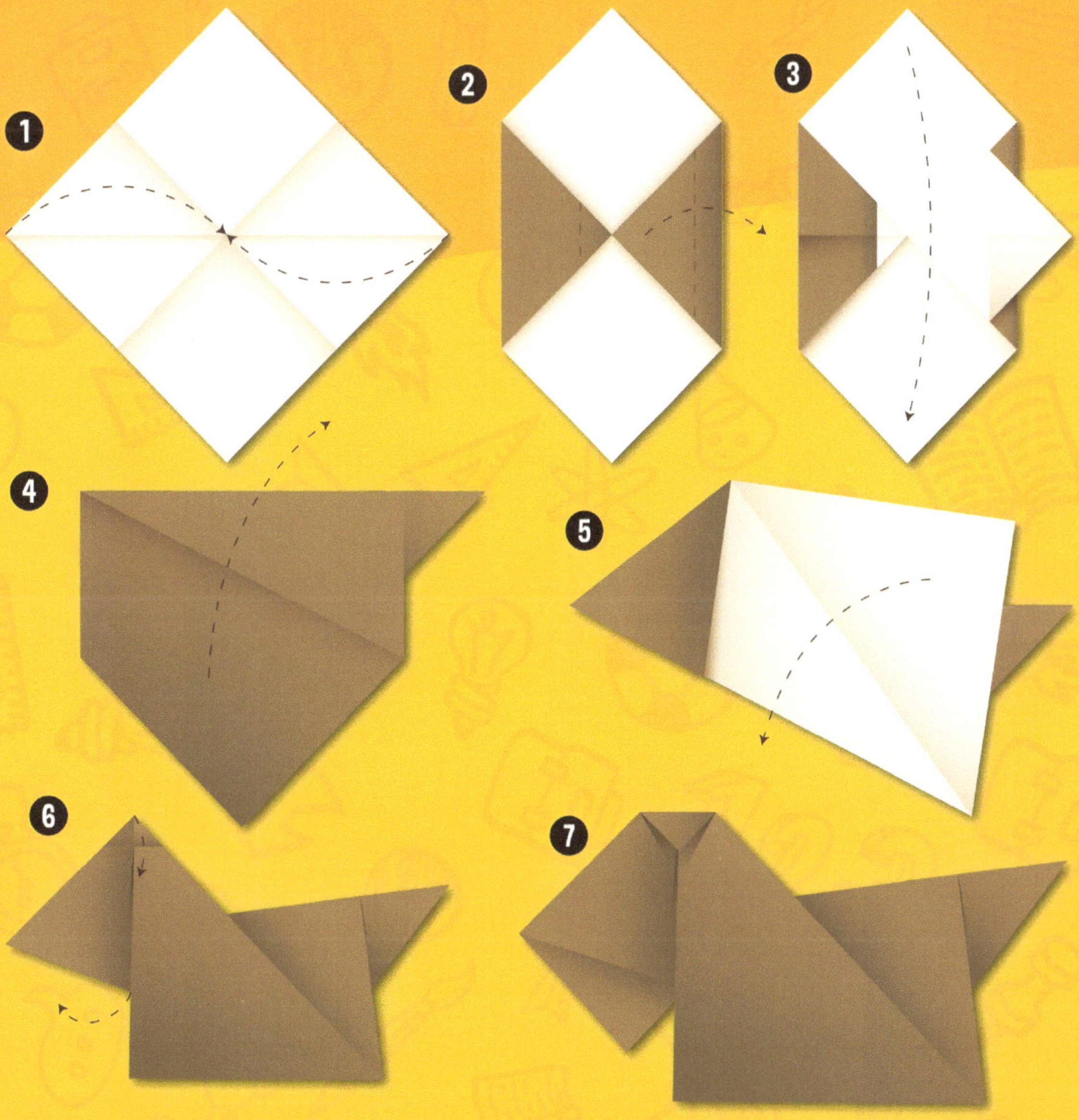

WWW.KITEVANGELHO.COM
KE 29.6

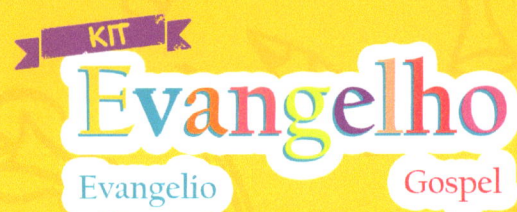
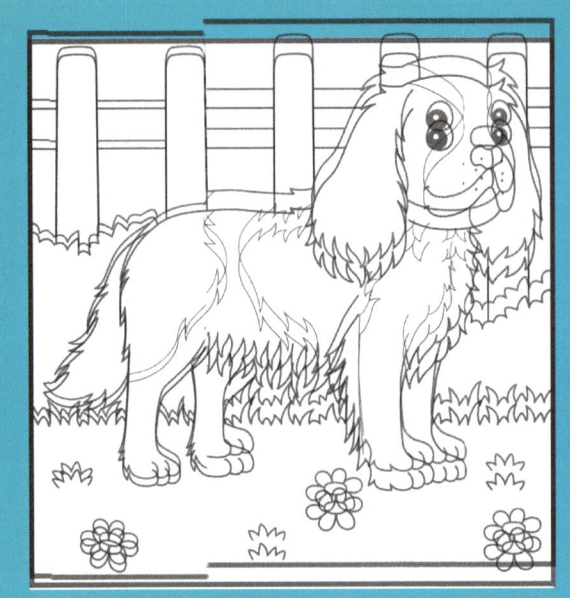
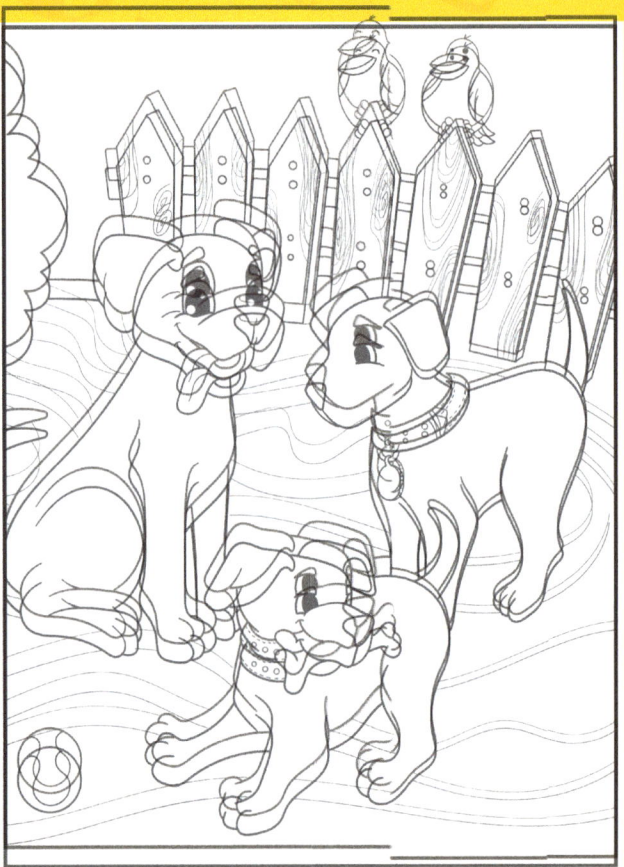
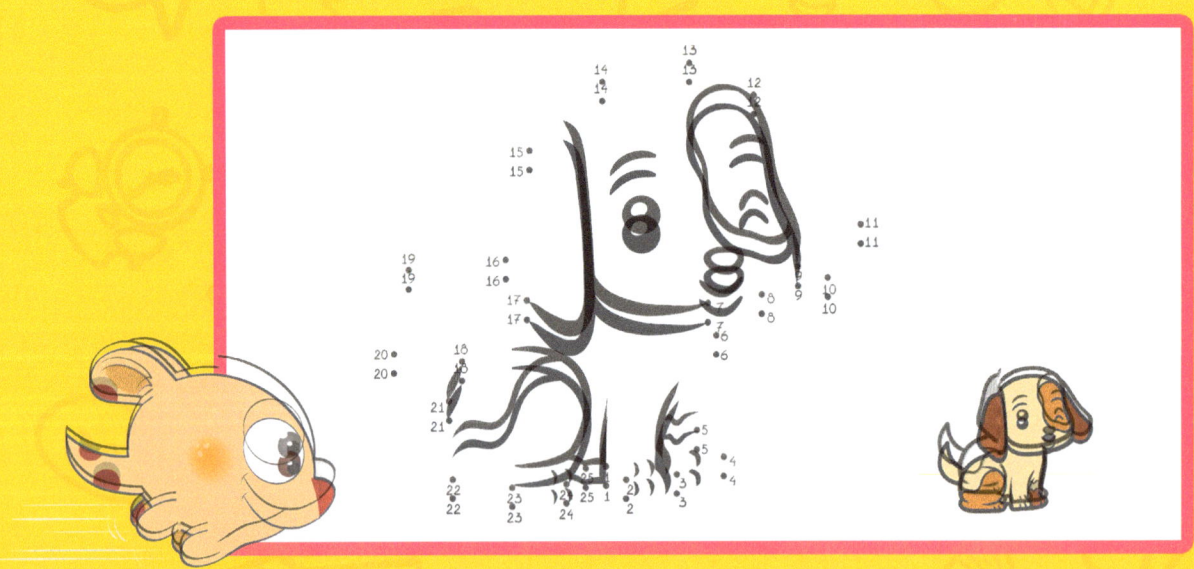

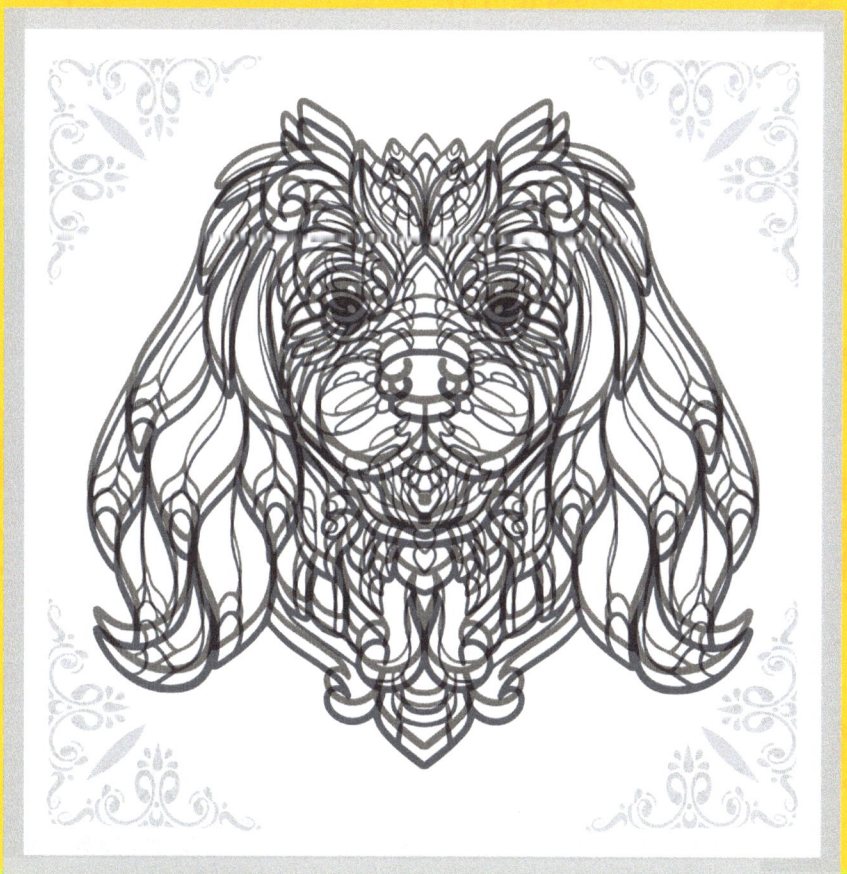

Colorir - Colorear - Color

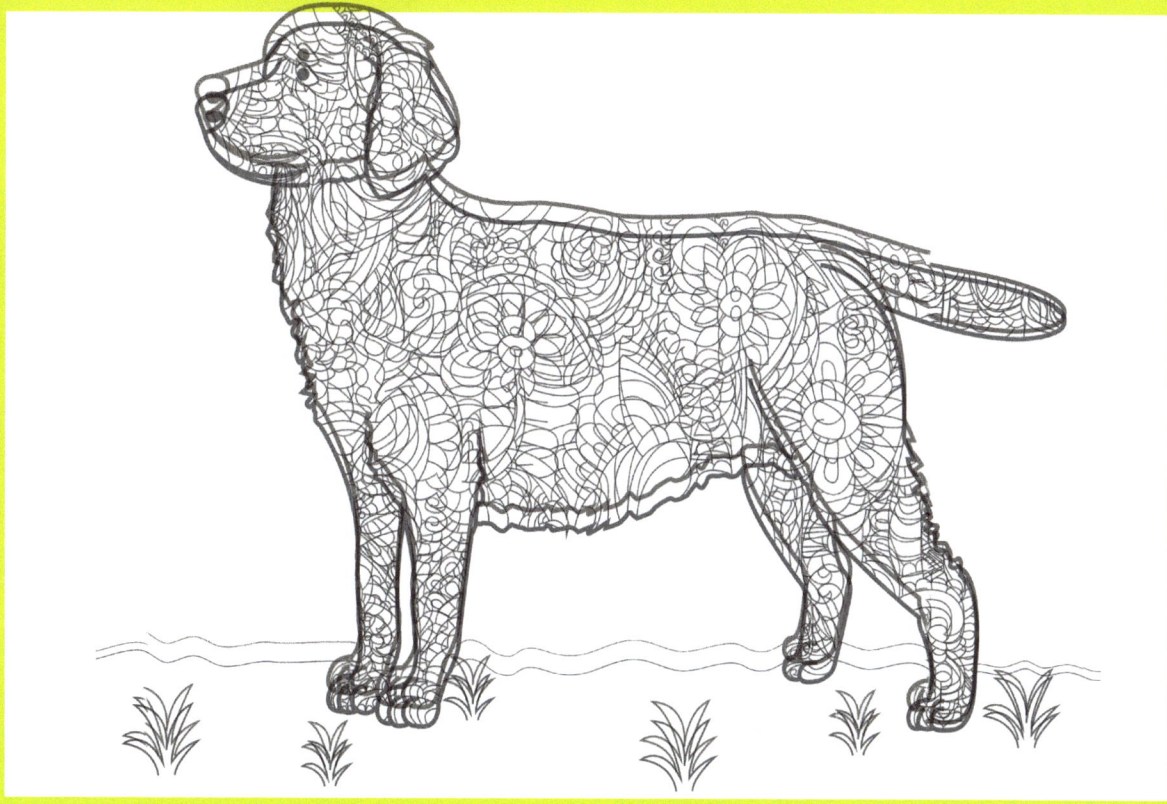

- Use sua imaginação e preencha os espaços.
- Usa tu imaginación y completa los espacios.
- Use your imagination and fill in the blanks.

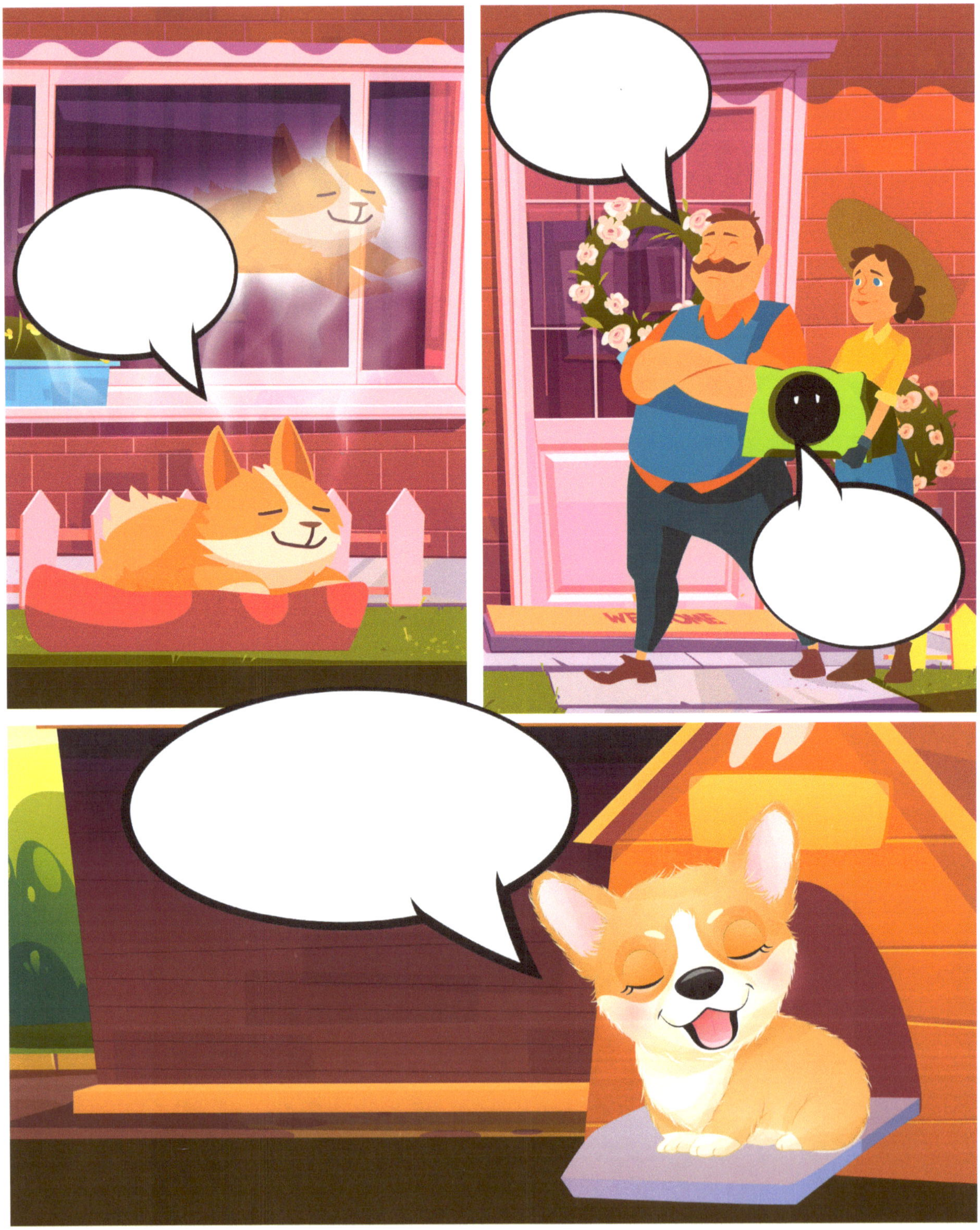

# Kit Evangelho
Evangelio  Gospel

**Crie seu conto sobre reprodução.**
**Crea tu cuento sobre la reproducción.**
**Create your own Spiritual Reproduction' tale.**

Use sua imaginação e preencha os espaços.
Usa tu imaginación y completa los espacios.
Use your imagination and fill in the blanks.

ERA UMA VEZ UMA CADELA ÓRFÃ CUJO NOME ERA:
ÉRASE UNA VEZ UNA PERRITA HUÉRFANA CUYO NOMBRE ERA:
ONCE UPON A TIME THERE WAS A ORPHAN DOG WHOSE NAME WAS:

ELA GOSTAVA DE:
A ELLA LE GUSTABA:
SHE LIKED:

COMO ELA QUERIA SER ADOTADA, PENSOU:
CÓMO QUERÍA SER ADOPTADA, PENSÓ:
HOW SHE WANTED TO BE ADOPTED, SHE THOUGHT:

CONTINUE O CONTO:
CONTINÚA EL CUENTO
CONTINUE THE TALE:

EM SEU NOVO LAR, RECEBEU MUITO AMOR E DISSE:
EN SU NUEVO HOGAR RECIBIÓ MUCHO CARIÑO Y DIJO:
IN HER NEW HOME, SHE RECEIVED A LOT OF LOVE AND SAID:

DESENHE AQUI SUA CACHORRINHA FELIZ
DIBUJA AQUÍ TU PERRITA FELIZ
DRAW HERE YOUR HAPPY DOG

FIM - FIN - THE END

Complete sua coleção    Completa tu colección    Co[mplete your collection]

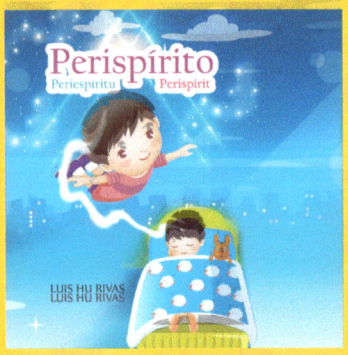
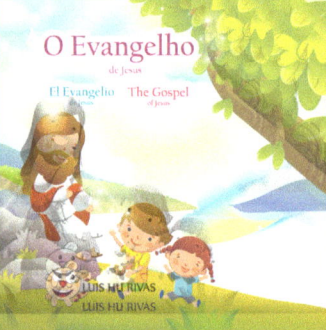
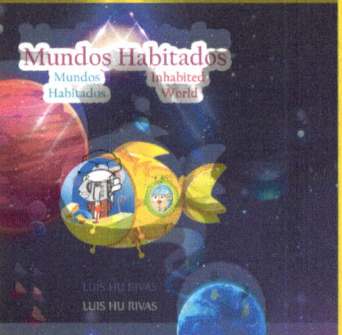
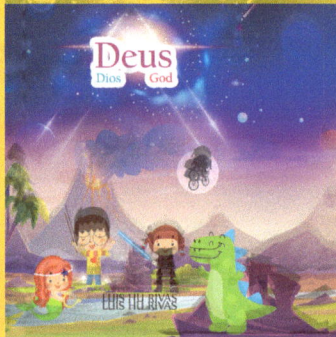
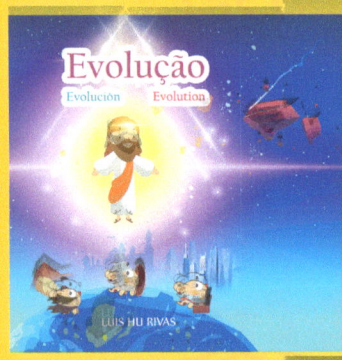
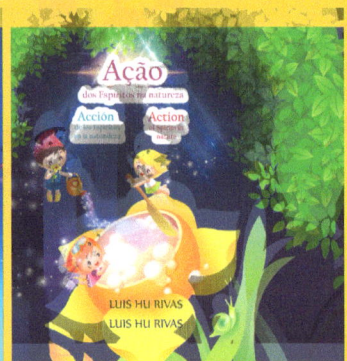
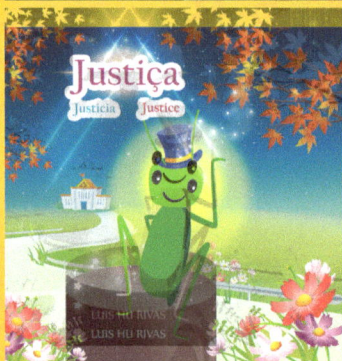
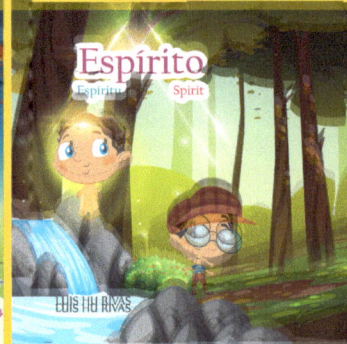
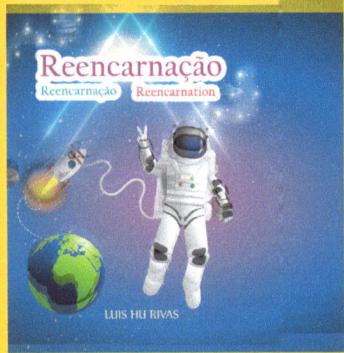
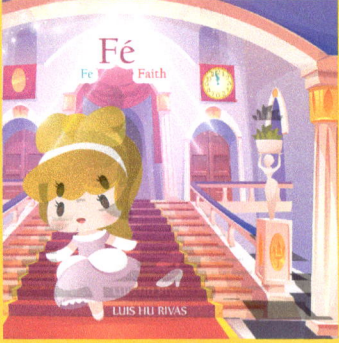
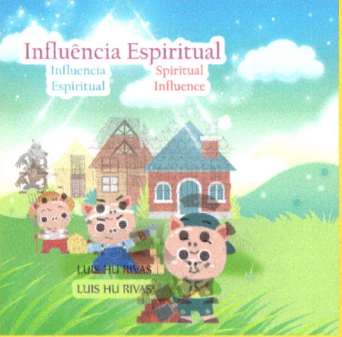
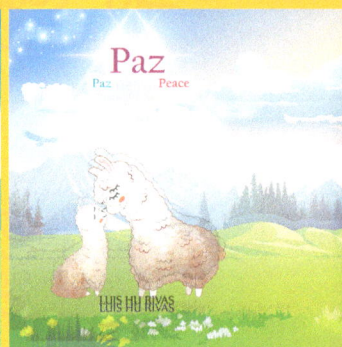
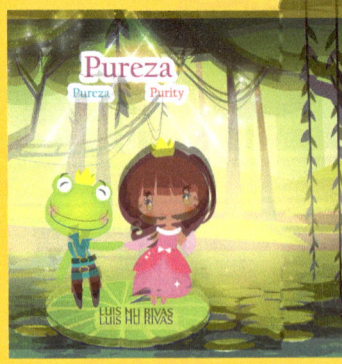
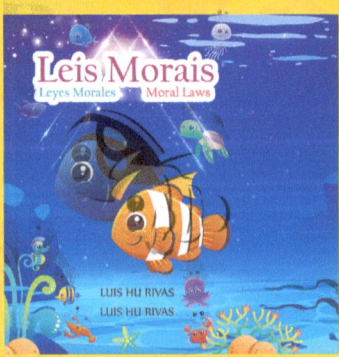
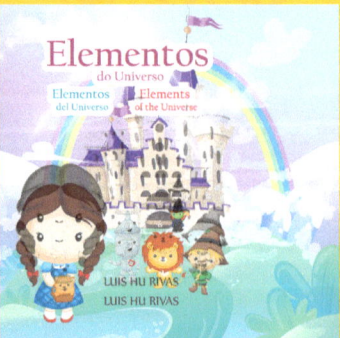
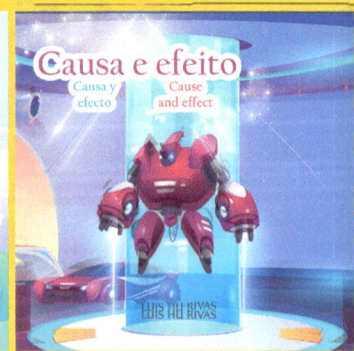

# nplete your collection

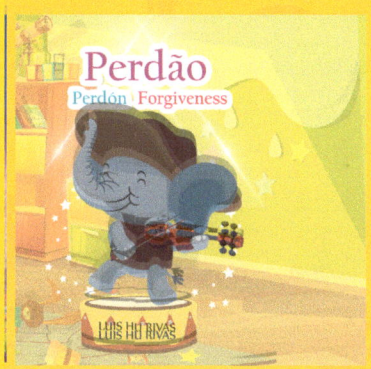
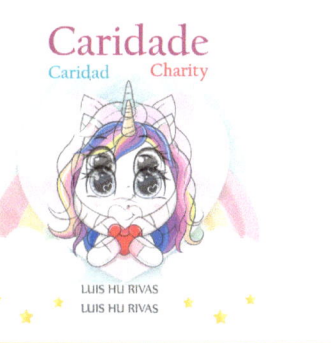
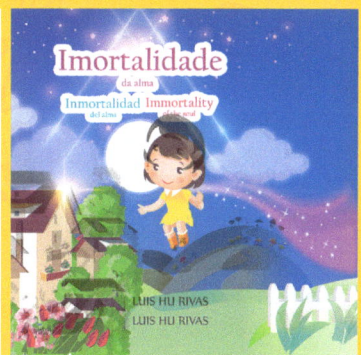
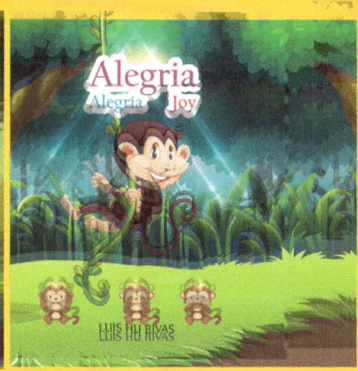
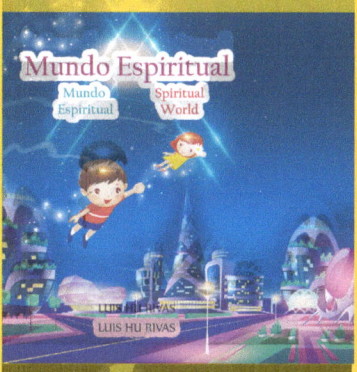
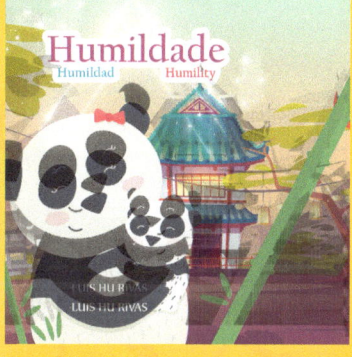
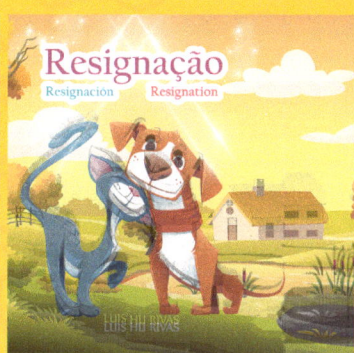
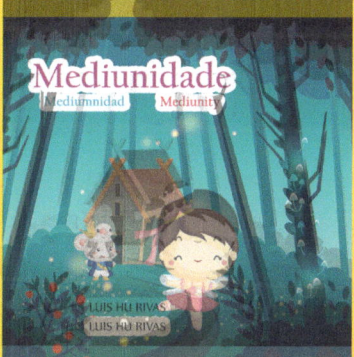
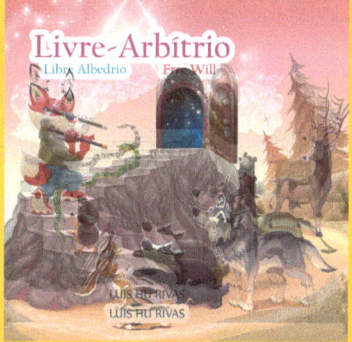
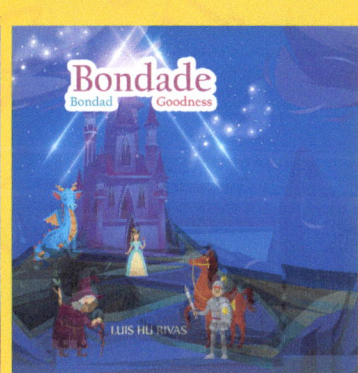
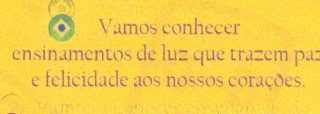
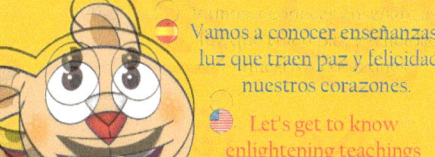
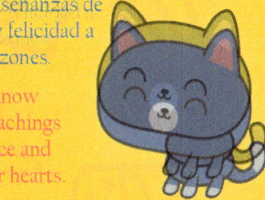

🇧🇷 Vamos conhecer ensinamentos de luz que trazem paz e felicidade aos nossos corações.

🇪🇸 Vamos a conocer enseñanzas de luz que traen paz y felicidad a nuestros corazones.

🇺🇸 Let's get to know enlightening teachings that bring peace and happiness to our hearts.

Ao lado de uma simpática cachorrinha, você vai se divertir para valer!
Embarque em uma emocionante história ilustrada, com muitos ensinamentos luminosos.
Usando sua imaginação, você vai descobrir respostas a perguntas como:
Por que os seres se multiplicam?
Devemos amar a todos os animais?
Qual é a importância da adoção ?
O que é reprodução?

¡Junto con una amistoso perrita te divertirás mucho!
Embárcate en una emocionante historia ilustrada, con muchas enseñanzas luminosas.
Usando tu imaginación, descubrirás respuestas a preguntas como:
¿Por qué se multiplican los seres?
¿Debemos amar a todos los animales?
¿Cuál es la importancia de la adopción?
¿Qué es la reproducción?

You will have real fun in this adventure with nice dog!
Join us on an exciting illustrated story, with many inspiring teachings.
With this reading you will also find answers to questions such as:
Why do being multiply themselves?
Should we love all animals?
How important is adoption?
What is reproduction?

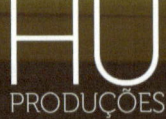

www.ingramcontent.com/pod-product-compliance
Lightning Source LLC
Chambersburg PA
CBHW051929210526
45473CB00006B/2191